August Seidel

Handbuch der Shambala-sprache in Usambara, Deutsch-Ostafrika

Mit Texten, einem Shambala-Deutschen und einem Deutsch-Shambala-Wörterbuch

August Seidel

Handbuch der Shambala-sprache in Usambara, Deutsch-Ostafrika
Mit Texten, einem Shambala-Deutschen und einem Deutsch-Shambala-Wörterbuch

ISBN/EAN: 9783743448667

Hergestellt in Europa, USA, Kanada, Australien, Japan

Cover: Foto ©Paul-Georg Meister /pixelio.de

Weitere Bücher finden Sie auf **www.hansebooks.com**

Handbuch

der

Shambala-Sprache

in

Usambara, Deutsch-Ostafrika.

Mit Texten, einem Shambala-Deutschen und einem Deutsch-Shambala-Wörterbuch.

Von

A. Seidel,
Sekretär der Deutschen Kolonialgesellschaft.

Dresden-Leipzig.
Verlag von Alexander Köhler.
1895.

Vorwort.

Das vorliegende Buch beruht in der Hauptsache auf dem Material, das ich in meiner „Zeitschrift für afrikanische und oceanische Sprachen"[1]), Jahrg. 1895, Heft 1, S. 34—82 und Heft 2, S. 105—117, veröffentlicht habe. Seitdem habe ich mehrere längere Texte durch gütige Vermittlung des Herrn Missionsinspektors Winkelmann erhalten, die von den in Mlalo arbeitenden Missionaren Wohlrab und Johansen herrühren. Es sind Übersetzungen von Teilen der ersten 16 Kapitel der Genesis, sowie eine Sammlung von 15 Erzählungen der Wa-Shambaa. Hierdurch ist einmal das Wörterbuch um einige hundert Wörter vermehrt worden, andrerseits hat das grammatische Material vielfache Ergänzungen und Berichtigungen erfahren. Ich verweise in dieser Beziehung auf die folgenden Paragraphen der Grammatik, die besonders von den Aufstellungen in der Zeitschrift abweichen oder vollständig Neues enthalten: 15, 25, 33, 34, 38, 49, Anm. 4, 5 und 7, 61, 62, 63, 72, 82, 89, 90c, 93, 97c, h, 100, 111—121, 128, 130—33, 134.

Zur allgemeinen Orientierung über Usambara und seine Bewohner empfehle ich das vorzügliche Buch von Dr. O. Baumann: Usambara und seine Nachbargebiete (Berlin 1891, Dietrich Reimer).

[1]) Berlin, Dietrich Reimer.

Berlin, 1. April 1895.

Der Verfasser.

A. Lautbestand und Aussprache.

1. Das Ki-Shambala hat folgende Konsonanten:
   a) Zahnlaute:
      einfache: *t, d, s, z, n.*
      jodierte: *ch, j, sh, ny.*
   b) Lippenlaute: *p, b, m, f, v, w.*
   c) Gaumenlaute: *k, g, y.*
   d) Kopflaute: *l, r.*
   e) Kehllaute: *h.*
   f) Nasenlaute: *ng.*

Hiervon lauten wie im Deutschen *t, d, n, p, b, m, f, v, k, g, h;* von den übrigen ist folgendes zu bemerken:

s = ss in reissen; *z = s* in lesen; *ch = tsch* in klatschen; *j = dj; y = j* in jagen; *ng* = nasalem *n* mit leicht anklingendem *g; l* und *r* werden durch Anlegen der Zungenspitze an die obere Gaumenwölbung gebildet.

2. *m* und *n* können auch Halbvokale sein und daher als selbstständige Silben auftreten, z. B. *mkono* (sprich: m-kóno).

Anm. 1. *s* wechselt häufig mit *sh*, z. B. *usisisi* und *ushisisi.*

Anm. 2. *l* zwischen zwei Vokalen fällt mitunter aus, z. B. *ingia* neben *ingila.*

3. Die Vokale sind *a, e, i, o, u* und werden wie im Deutschen gesprochen und zwar lang in vokalisch auslautender, betonter Silbe wie *ké-ma*, sonst kurz. Diphthonge giebt es nicht, zwei aufeinanderfolgende Vokale sind stets getrennt zu sprechen, z. B. *kundai* (spr. kundá-i).

4. Der Wortton ruht stets auf der vorletzten Silbe, z. B. *muhíta.*

Treten Wortbildungs- oder Flexionssilben an ein Wort, so ändert sich danach die Betonung, z. B. muhitái.

B. Grundzüge der Formenlehre.

5. Die Grundlage der Ki-Shambala-Grammatik ist die Einteilung der Hauptwörter in neun Klassen.

Diese Klassen werden durch folgende Vorsilben unterschieden, die in der Einzahl und in der Mehrzahl verschieden sind.

Klasse	Einzahl.	Mehrzahl.
I.	m	wa
II.	m	mi
III.	n	n
IV.	zi[1])	ma
V.	ki od. ka	vi
VI.	lu	n
VII.	ha	ha
VIII.	ku	—
IX.	(mwc)	—

6. Die charakteristische Eigentümlichkeit und hauptsüchlichste, ja fast einzige Schwierigkeit des Ki-Shambala beruht nun darauf, dass die Eigenschafts-, Zahl- und Fürwörter (wozu auch die Genitivpartikel zu rechnen ist), die sich auf ein Hauptwort beziehen, ihre Form wechseln je nach der Klasse des betreffenden Hauptwortes.

7. Die Eigenschafts- und Zahlwörter nehmen dieselbe Vorsilbe wie das Hauptwort; für die Bildung der Fürwörter dient folgende Reihe von Silben für die neun Klassen:

Klasse	Einzahl.	Mehrzahl.
I.	vu od. a (yw-)[2])	wa
II.	u (w-)	i (y-)
III.	i (y-)	zi (z-)
IV.	ji (j-)	ya
V.	chi[3])(ch-) od. ka	vi (vy-)
VI.	lu (lw-)	zi (z-)
VII.	ha	ha
VIII.	ku (kw-)	—
IX.	mu (mw-)	—

Diese Silben haben den Wert von hinweisenden Fürwörtern: der, die, das.

---

[1]) Oder kein Präfix.

[2]) Die eingeklammerten Formen werden gebraucht, wenn die demonstrativen Silben so mit einem Worte verbunden werden, dass auf dieselben ein Vokal folgt. Die auf a auslautenden bleiben unverändert; nur mit folgendem a fliessen sie zu ā zusammen.

[3]) In meinem Aufsatz in der Zeitschrift für A. Spr. irrig ki.

8. Im Nachfolgenden ist dargestellt, wie sich im einzelnen auf diesen beiden Grundsätzen die Formenlehre des Ki-Shambala aufbaut.

I. Das Hauptwort.

A. Zur Formenlehre.

9. Das Hauptwort hat keinen Artikel; *nyumba* heisst „das" Haus, „ein" Haus und bloss „Haus".

Häufig gebraucht man statt eines bestimmten Artikels ein hinweisendes Fürwort, z. B. *inu nyumba* dies Haus hier.

Anm. Nicht selten erreicht man die Bestimmung des Hauptwortes auch dadurch, dass man es einem persönlichen Fürwort apponiert, z. B. *uja ishe,* er, der Vater; *umwene ishe?* Hast du ihn, den Vater, gesehen?

10. Ein grammatisches Geschlecht wird nicht unterschieden. Das natürliche Geschlecht wird bei Lebewesen häufig durch besondere Wörter bezeichnet z. B. *tate,* (mein) Vater, *mlala,* (meine) Mutter; andernfalls wird es, wenn nötig, durch die Adjektive *-goshi* (männlich) und *-vyele* oder *-ndele* (weiblich) ausgedrückt[1]), z. B. *mwana mgoshi* (oder *wa kigoshi*), der Sohn; *mwana muvyele* oder *mundele* (oder *wa kivyele, wa kindele*), die Tochter.

11. Wie oben erwähnt, zerfallen die Hauptwörter in neun Klassen. Zur ersten Klasse gehören die mit *m* anlautenden Wörter, welche lebende Wesen bezeichnen, z. B. *mgoshi* (Mann), *mgeni* (Fremdling), *mbogo* (Büffel).

Anm. 1. Vor einsilbigen Wörtern, sowie vor solchen mehrsilbigen, die mit zwei Konsonanten oder mit *h* beginnen, steht *mu* statt *m,* z. B. *mu-ntu* (Mensch), *mundele* (Mädchen)[2]).

Anm. 2. Vor Wörtern, die mit *a, e* oder *i* anlauten, hat das Präfix die Form *mw;* vor *o* oder *u* steht meist nur *m,* seltener *mw* z. B. *mw-ana* (Kind), *mw-eshu* (Nachbar), *mw-ivanishi* (Vermittler), *moga,* seltener *mwoga* (Feigling).

12. Hauptwörter der ersten Klasse bilden ihre Mehrzahl, indem sie an Stelle des Singularpräfixes *m* (*mu, mw*) das Pluralpräfix *wa-* setzen, z. B. *wagoshi* (Männer), *wageni* (Fremde), *wabogo* (Büffel), *wantu* (Menschen), *wandele* (Mädchen).

In ähnlicher Weise wird auch bei den übrigen Klassen nur durch den Wechsel des Präfixes die Mehrzahl gebildet.

---

[1]) Auch durch die Genitive *-a kigoshi* bez. *-a kivyele, -a kindele.*
[2]) Korrigiere danach Zeitschr. f. A. Spr. p. 40.

Anm. 1. *wa* wird mit folgendem *a* in *wā*, mit *e* oder *i* in *wē* zusammengezogen, z. B. *wana* (Kinder), *weshu* (Nachbarn), *wevanishi* (Vermittler).

Anm. 2. Einige Hauptwörter, meist Verwandtschaftsbezeichnungen, bilden ihren Plural mit demselben Präfix, obwohl sie eigentlich nicht zur ersten Klasse gehören, z. B. *tate* (mein Vater), *watate* (meine Vorfahren); *isho* (dein Vater), *waisho* (deine Vorfahren); *ndugu* (Bruder), *wandugu* (Verwandte); *sumbe* Häuptling), *wasumbe* etc.

Anm. 3. Es giebt einige Wörter, die mit *mb* und *mp* anfangen, aber nicht zur ersten, sondern zur vierten Klasse gehören, z. B. *mbati* (Familie, Volk).

13. Zur zweiten Klasse gehören alle Hauptwörter mit der Vorsilbe *m*, welche Pflanzen oder leblose Dinge bezeichnen z. B. *mkono* (Arm), *mfuku* (Sack).

Anm. Das Präfix lautet bald *m* bald *mu*, bald *mw* nach denselben Regeln wie bei der ersten Klasse z. B. *mu-ti* (Baum), *mu-nyozu* (Thau), *m-wesi* (Mond), *m-oyo* (Herz).

14. Die Hauptwörter der zweiten Klasse haben im Plural das Präfix *mi*, z. B. *mi-kono* (Arme), *mi-fuko* (Säcke), *mi-ti* (Bäume), *mi-ezi* (Monate), *mi-oyo* (Herzen).

Anm. Mit folgendem *i* verschmilzt *mi* zu *mī* z. B. *mīli* von *mwili* (Körper).

15. Das charakteristische Präfix der dritten Klasse ist *n*, z. B. *n-gombe* (Rind). Die Wörter dieser Klasse sind indessen nicht immer leicht zu erkennen, da das Präfix *n* vielen Veränderungen unterworfen ist:

Vor *b* und *p* wird es zu *m*, z. B. *m-buzi* statt *n-buzi* (Ziege), *m-pula* statt *n-pula* (Nase).

Vor Vokalen wird es zu *ny*, z. B. *ny-umba* (Haus).

Die Verbindung *n-w* geht in *mb* über, die Verbindung *n-v* in *f*, z. B. *mbiwi* statt *n-wiwi* (schlecht); *fyele* statt *n-vyele* (Weibchen).

Vor *s*, *z*, *ch*, *j*, *sh*, *m*, *l*, *r*, *h* fällt es ab, z. B. *sila* statt *n-sila* (Weg).

Anm. Auch vor *k* und *t* wird es bisweilen fortgelassen.[1]

16. Die Wörter der *n*-Klasse sind im Plural unveränderlich, woran man ihre Klassenzugehörigkeit leicht erkennt, z. B. *ngombe* (Rinder), *mbuzi* (Ziegen), *nyumba* (Häuser). Es wird weiter unten gezeigt werden, wie trotzdem durch die grammatische Konstruktion Singular und Plural deutlich unterschieden werden (vergl. 36 *ya*, *za*).

17. Die Wörter der vierten Klasse hatten ursprünglich das Präfix *zi*- (vor Vokalen *z*-). Dies findet sich aber nur noch in wenigen Wörtern wie *zina* (Name), *zisho* (Auge), *zikoi* (Feuerstelle), *zogolo* (Hahn). Bei einigen Wörtern steht statt dessen *i*, z. B. *iwe* (Stein), *ihu* (Beule), *ifu* (Eingeweide). Bei den meisten Wörtern ist das Präfix

---
[1] Verbessere hiernach Zeitschr. für A. Spr. p. 40.

aber überhaupt abgefallen, und auch bei denen, die es heute noch haben, wird es nicht mehr als Präfix angesehen, sondern als zum Wortstamme gehörig betrachtet; es bleibt daher auch in der

18. Pluralform, die durch Vorsetzung von *ma-* gebildet wird, unverändert stehen, z. B. *mazina* (Namen).

Anm. *z-ino* (Zahn), *z-isho* (Auge), *z-ikoi* (Feuerstelle), *i-we* (Stein), *i-hu* (Beule) und *i-fu* (Eingeweide) werfen das Singularpräfix im Plural ab und bilden: *meno* (statt *ma-ino*, vergl. 12, Anm. 1), *mesho, mekoi, mawe, mahu, mafu*.

19. Einige Wörter der vierten Klasse kommen nur in der Pluralform mit Singularbedeutung vor, z. B. *mazi* (Wasser), *mavuta* (Fett, Öl), *mele* (Milch), *mavi* (Not), *mani* (Gras), *makerokero* (Morgen) etc.

Ferner werden als Plurale dieser Klasse viele Abstrakta behandelt, die mit dem Präfix *ma-* gebildet sind, z. B. *mahiku* (Stolz), *mambeza* (Lüge).

20. Zur fünften Klasse gehören die Hauptwörter, die im Singular das Präfix *ki* haben, z. B. *ki-ntu* (Ding). Vor vokalisch anlautenden Stämmen steht dafür *ch-*, z. B. *ch-ala* (Finger).[1]

Zu derselben Klasse werden praktisch[2] auch die Wörter mit dem Präfix *ka-* gerechnet, das meist die Bedeutung der Kleinheit einschliesst, z. B. *ka-goshi* (kleiner, junger Mann). Jedes Hauptwort kann in diese Klasse gebracht werden, indem man ihm *ka-* statt seines sonstigen Präfixes vorsetzt. Einsilbige Stämme nehmen dafür *kazi-* oder *kazu*, z. B. *kadege* (Vöglein) von *n-dege* (Vogel), *kaziti* (Strauch) von *muti* (Baum).

21. Die Wörter der V. Klasse bilden ihren Plural mit dem Präfix *vi-* (vor Vokalen *vy-*), welches an die Stelle von *ki-* oder *ka-* tritt, z. B. *vintu* (Dinge), *vyala* (Finger), *vigoshi* (junge Männer), *videge* (Vöglein), *viziti* (Sträucher).

22. Zur sechsten Klasse gehören die Wörter, die im Singular das Präfix *lu* (vor Vokalen *lw*, vor *u* bloss *l*) haben, z. B. *ludezu* (ein Haar), *lwiko* (Löffel), *l-uvi* (Thür).

Daneben kommt in einigen Wörtern das Präfix *u* (vor Vokalen *w*) vor, besonders bei solchen mit abstrakter Bedeutung, z. B. *ukugu* (Geiz), *udala* (Alter), *udodo* (Kleinheit), aber auch *wila* (Lied), *usho* (Gesicht).

---

[1] Selten steht *chi* vor Vokalen, z. B. *chiolela* Fenster.
[2] Eigentlich sind dies Reste einer früheren besonderen Klasse, die aber ihre besondere Pluralform (*tu-*) eingebüsst hat.

23. Die Wörter der VI. Klasse bilden ihren Plural, wie in der III. Klasse, mit dem Präfix *n*, z. B. *ndezu* (Haare), *ny-iko* (Löffel), vergl. 15, *ny-umba*), *ny-uvi* (Thüren), *ny-ila* (Lieder).

Anm. Einsilbige Stämme behalten das Singularpräfix *u* im Plural bei, z. B. *u-sho*, Pl. *ny-u-sho* (Gesichter).

24. Zur siebenten Klasse gehören die Hauptwörter *hantu*, Plural *hantu* (Platz, Ort, Stelle), und *kaya* (Heimat, Zuhause). Es werden jedoch in diese Klasse ohne Rücksicht auf ihre sonstige Klassenzugehörigkeit alle Hauptwörter gerechnet, sobald sie von der Präposition *ha* oder *he* (an, bei) abhängen.

25. Zur achten Klasse gehören alle substantivisch gebrauchten Infinitive der Zeitwörter mit dem Präfix *ku-* z. B. *ku-fa*, das Sterben, ferner das Hauptwort *kuntu* (Ort = *hantu*) und endlich jedes andere Hauptwort, wenn es von der Präposition *ku* (oder *kwe*), nach.., hin, zu, regiert wird.

26. Die neunte Klasse endlich wird von allen Hauptwörtern gebildet — gleichviel, welches Präfix sie haben —, die von der Präposition *mwe* (in) abhängen.

27. Hauptwörter, die im Lokativ (siehe 30) stehen, werden je nach der Bedeutung desselben zur VII., VIII. oder IX. Klasse gezählt. Entspricht die Bedeutung der Präposition *he*, so zählen sie zur VII., *ku* zur VIII., *mwe* zur IX. Klasse.[1])

28. Beim Hauptwort unterscheidet man vier Fälle, nämlich ausser dem Subjektskasus (Nominativ) noch einen Objektskasus (Dativ und Accusativ), ein Ortskasus (Lokativ) und ein Rufkasus (Vokativ). Unser Genitiv wird umschrieben (vergl. 35).

29. Der Objektskasus (Dativ und Accusativ) hat dieselbe Form wie der Subjektskasus, z. B. *muntu* = dem Manne, den Mann (und „der Mann"). Über die Unterscheidung beider siehe 34.

30. Der Ortskasus wird durch Anhängung eines *i* gebildet, z. B. *nyumbai*, im Hause oder bei dem (am) oder nach dem Hause oder von dem Hause (her).

Der Lokativ steht also auf die Frage worin? wobei? woran? wohin? woher? Statt seiner kann ebensogut eine der Präpositionen *he*, *ku*, *mwe* eintreten.

---

[1]) Es scheint indes, als werde diese Unterscheidung im Ki-Shambala nicht so streng durchgeführt, wie in andern Bantusprachen. Man findet nicht selten Hauptwörter im Lokativ oder nach den genannten Präpositionen nur nach ihrem Präfix klassifiziert und konstruiert.

Anm. Einige Wörter kommen fast nur im Lokativ vor, z. B. *kwai* (an der Küste), *sikoi* (an der Feuerstelle).

31. Der Rufkasus lautet gewöhnlich wie der Nominativ, doch kann er auch durch angehängtes *a* gekennzeichnet werden, z. B. *tatea*, Vater! (von *tate*).

B. Syntaktisches.

32. Der Objektskasus unterscheidet sich vom Subjektskasus durch seine Stellung hinter dem Zeitwort, z. B. *naona* ***muntu***, ich sehe einen Mann; aber: *muntu aiza*, ein Mann kommt. Seltener tritt das Objekt, wenn es besonders hervorgehoben werden soll und Zweideutigkeiten nicht zu befürchten sind, vor das Zeitwort, z. B. ***nyundo sina***, einen Hammer habe ich nicht.

33. Umgekehrt tritt das Subjekt, das sonst, auch in der Frage, vor dem Zeitwort zu stehen pflegt, hinter dasselbe in der dem Deutschen entsprechenden Wendung *kuzaiza* ***muntu***, es kam ein Mann.

34. Unser Dativ (indirektes) und unser Accusativ (direktes Objekt) werden beide durch den Objektskasus bezeichnet, z. B. *umtongele uja* ***muntu***, folge diesem Manne; *umkome uja* ***muntu***, töte diesen Mann.

Treffen indirektes und direktes Objekt bei einem Verbum zusammen, so tritt das erstere voran, z. B. *nyainke* ***muntu*** *aya matonte*, gieb dem Manne diese Bananen.

Anm. 1. In diesem Falle tritt das Zeitwort gewöhnlich in die objektive Form (vergl. Zeitwort).

Anm. 2. Das indirekte Objekt wird mitunter auch vermittels der Präposition *kwa* umschrieben.

35. Der Genitiv wird vermittels der Präposition *a* (von), die nur noch in dieser Verbindung vorkommt, in folgender Weise umschrieben:

Das den Genitiv regierende Hauptwort steht an erster Stelle im Gegensatz zum Deutschen, wo neben der Stellung „der Sohn des Häuptlings" auch die andere „des Häuptlings Sohn" erlaubt ist. Für die letztere giebt es im Ki-Shambala keine Analogie.

Auf das regierende Hauptwort folgt alsdann das der Klasse derselben entsprechende Demonstrativum der unter 7 aufgeführten Reihe, hierauf die Präposition *a* und endlich das regierte (im Genitiv stehende) Hauptwort, z. B.

Klasse I.
- Sing. { mwana yu[1]) a zumbe, der Sohn der vom Häuptling.
- Plur. { wana wa a zumbe, die Söhne die vom Häuptling.

Klasse II.
- Sing. { mtego u a mkala, die Falle die des Jägers.
- Plur. { mitego i a mkala, die Fallen die des Jägers.

u. s. w.

Die Demonstrative werden nun mit den folgenden Präpositionen zu einem Wort verschmolzen, wobei sie die vor Vokalen übliche Form (vergl. 7, Anm.) annehmen. Dadurch entstehen die folgenden festen Genitivpartikeln:

36.
I. mwana ywa zumbe, der Sohn des Häuptlings;
   waana wa zumbe, die Söhne des Häuptlings.
II. mwili wa mbogo, der Körper des Büffels;
   mili ya wabogo, die Körper der Büffel.
III. nyumba ya zumbe, das Haus des Häuptlings;
   nyumba za zumbe, die Häuser des Häuptlings.
IV. tuni ja zumbe, das Messer des Häuptlings
   matuni ya zumbe, die Messer des Häuptlings.
V. chala cha mkono, der Finger der Hand;
   vyala vya mkono, die Finger der Hand.
VI. lufovo lwa muti, das Blatt des Baumes;
   fovo za muti, die Blätter des Baumes.
   udodo wa kagoshi, die Kleinheit des Knaben.
VII. hantu ha zumbe, der Platz des Häuptlings;
   ha nyumba } ha zumbe, im Hause des Häuptlings.
   nyumbai (vergl. 27)
VIII. ku nyumba } kwa zumbe, nach dem Hause des Häuptlings.
   nyumbai (vergl. 27)
IX. mwe nyumba } mwa zumbe, im Hause des Häuptlings.
   nyumbai (vergl. 27)

Anm. 1. Statt *ha, kwa* und *mwa* nach Substantiven im Lokativ und in Abhängigkeit von den Präpositionen ha (he), ku, mwe tritt häufig die der eigentlichen Klasse des Hauptworts entsprechende Partikel ein, also *ha, ku, mwe nyumba* oder *nyumbai ya zumbe*.

---
[1]) In dieser Verbindung wird niemals a gebraucht.

Anm. 2. Nach Verwandtschaftsbezeichnungen bleibt die Genitivpartikel häufig ganz fort, z B. *mwana ngombe* (Kind des Rindes = Kalb), *mkasa sumbe* (Frau des Häuptlings), *mwana ndai* (Sohn wessen?).

37. Der deutschen Deklination eines Hauptwortes entspricht also folgendes Paradigma:

	Singular.	Plural.
Nom.	muntu, der Mann	wantu, die Männer.
Gen.	-a muntu, des Mannes	-a wantu, der Männer.
Dat.	muntu, dem Manne	wantu, den Männern.
Acc.	muntu, den Mann	wantu, die Männer.
Vok.	muntu, Mann	wantu, Männer.
Lokat.	(nyumbai, im Hause)	(nyumbai, in den Häusern).

II. Das Eigenschaftswort.

A. Formenlehre.

38. Die Adjektive sind im Ki-Shambala veränderlich je nach der Klasse des Hauptworts, welches von ihnen bestimmt wird.

39. Ein Adjektiv kann die Präfixe annehmen, die wir bei den verschiedenen Klassen der Hauptwörter kennen gelernt haben.[1]) Hierbei erfahren die Präfixe dieselben euphonischen Veränderungen, wie bei Hauptwörtern. Z. B. kann -bada (böse) folgende Formen annehmen: I. mbada, wabada; II. mbada, mibada; III. mbada[2]), mbada; IV. bada, mabada; V. kibada, kabada, vibada; VI. lubada, ubada, mbada; VII. habada; VIII. kubada.

Anm. 1. -ngi (viel) zeigt in der Abwandlung einige Unregelmässigkeiten: I. *mwingi*, wangi; II. *mwingi*, mingi; III. *nyingi*, *nyingi*; IV. *jingi*, mangi; V. *chingi*, kangi, vingi; VI. *lwingi*, ungi (?), *nyingi*; VII. fehlt. VIII. nicht nachgewiesen.[3])

Anm. 2. -le (lang) und -bya (neu) bilden mit dem *n*-Präfix die Formen nyile und nyibya.[4])

40. Die Zahl der Adjektive, die alle Präfixe annehmen können, ist sehr gering; die meisten sind durch ihre Bedeutung auf einige Präfixe beschränkt; so kann z. B. -nyani (klug) nur die Präfixe der ersten Klasse und der ka-Klasse annehmen, da nur die Hauptwörter dieser Klassen Personen bezeichnen, die durch jenes Beiwort charakterisiert werden können.

---
[1]) Mit Ausnahme von *mwe* (IX. Kl.).
[2]) Statt n-bada, vergl. 15.
[3]) Ergänze danach Zeitschr. f. A. Spr. p. 43.
[4]) Bei Hauptwörtern der vierten Klasse wahrscheinlich jilo und jihyn (?).

Die häufigsten Adjektive sind:
-babashi, unwissend.
-bada, böse, schlecht.
-bishi (nur m-, wa-), stolz.
-dala, alt.
-dashi, dumm.
-dodo, klein.
-vyele, weiblich.
-geke, wenig.
-geni, fremd.
-gima, gesund, lebendig.
-goli (nur m-, wa-), reich.
-goshi (nur m-, wa-, ka-, vi-) männlich.
-hana, breit.
-hya, neu.
-hufu, billig.
-kali, scharf, wild.
-kazi, trocken.
-kozi (nur m-, wa-) betrunken.
-kulu, gross.
-le, lang.
-ngi, viel.
-nyonge, schwach.
-nyani (nur m-, wa-), klug.
-oga (nur mw-, wa-), feig.
-shize, schwarz.
-shishili, eng, schmal.
-tamu, krank.
-tana, schön, gut.
-tuhu, anderer.
-vizu, faul.
-wishi, frisch, neu.
-wiwi, böse, schlecht.
-wizu, eifersüchtig.
-zangalamu, breit.

41. Eine kleine Gruppe von Eigenschaftswörtern präfigiert nicht die Vorsilben der Hauptwörter, sondern die Demonstrativsilben unter 7. Dies sind -oshe (all, ganz), -edi (gut), -enyi (besitzend, habend), z. B. I. ywedi¹), wedi; II. wēdi, yedi u. s. w.

42. Besondere Formen für die Grade der Steigerung bildet das Eigenschaftswort nicht; die Komparation wird umschrieben (vergl. 46).

B. Syntaktisches.

43. Das Eigenschaftswort muss als Prädikat wie als Attribut mit seinem Hauptwort in Zahl und Klasse übereinstimmen, z. B. *muntu mdala* (alter Mann), *wanta wadala* (alte Leute), *kadege kadodo* (kleines Vögelchen), *videge vidodo* (kleine Vögelchen), *tuni kali* (scharfes Messer), *matuni makali* (scharfe Messer), *mbuli nyingi* (viele Worte) etc.

Anm. Eine Ausnahme machen diejenigen Bezeichnungen lebender Wesen, welche nicht zur ersten Klasse gehören; bei diesen kann das Adjektiv entweder die Präfixe der ersten oder die der betreffenden Klasse annehmen, z. B. *mbuzi mdodo* oder *mluzi ndodo* (kleine Ziege).

---

¹) Die Demonstrative müssen natürlich die Form annehmen, die vor Vokalen üblich ist (vergl. 7).

44. Das attributive Adjektiv steht stets hinter seinem Hauptwort, z. B. *muntu jaeedi* (guter Mann).

45. Der Mangel des Ki-Shambala an Adjektiven wird ersetzt
a) durch Zeitwörter, die im Präsens die Bedeutung haben: eine Eigenschaft bekommen, so und so werden, und im Perfektum: eine Eigenschaft haben, so und so sein, z. B. *-izwa*, reif werden; *-chuta*, dunkel werden, u. s. w.
b) durch Hauptwörter im Genitiv, z. B. *pete la kilama*, ein kupferner Ring; *mazi ya mpcho*, (Wasser der Kälte) kaltes Wasser.
c) durch das Adjektiv *-enyi* (habend, besitzend) mit einem Hauptwort oder Infinitiv, z. B. *muntu jaeenyi nguvu* (ein Mann habend Stärke ⸺) ein starker Mann; prädikativ: *muntu ana nguvu* (der Mann hat Stärke ⸺) ist stark.
d) durch substantivierte Adverbien im Genitiv[1]), z. B. *mbuli za bule* (Worte des vergebens =) vergebliche Worte; *mushi wa lelo* (Tag des heute), der heutige Tag.
e) Durch Substantive in Apposition, z. B. *nyumba huzu*, ein Haus, eine Ruine = ein altes, baufälliges Haus.

46. Die Steigerung des Adjektivums wird folgendermassen umschrieben:
a) Durch das Verbum *kuzinka* (übertreffen), bald im Infinitiv bald konjugiert, z. B. *lunu luzigi ni lutana kwazinka* (oder *kuzinka*) *luja*, dies Seil ist gut, es übertrifft jenes = ist besser als jenes.
b) Durch die Wendung *ka inga sa*, meist kontrahiert zu *kenga sa*, z. B. *luni luzigi ni lutana kenga sa uja*, dies Seil ist gut, nicht wie jenes, d. h. ist besser.
c. Der Superlativ wird umschrieben mit *-oshe* alle, (vergl. 41), das zu den Wendungen unter a) und b) tritt, z. B.
lunu luzigi ni lutana kuzinka zoshe oder: *lunu luzigi ni lutana kenga sa zoshe*. Oft genügt der Positiv in emphatischem Sinne gebraucht, um den Superlativ auszudrücken, z. B.
luzigi lwe utama ni luhi? (das Seil, welches schön ist, ist welches =) welches ist das schöne (= schönste) Seil?

---

[1]) Bez. als Prädikat im Nominativ.

III. Die Fürwörter.

A. Formenlehre.

47. Den verschiedenen Formen der Fürwörter liegen meist die unter 7 aufgeführten Demonstrative zu Grunde. Es werden unterschieden: Persönliche, besitzanzeigende, hinweisende, bezügliche und fragende Fürwörter.

48. Die persönlichen Fürwörter zerfallen in selbständige und verbundene; doch existieren selbständige persönliche Fürwörter nur für lebende Wesen.

49. Die selbständigen persönlichen Fürwörter (nur für lebende Wesen!) sind:

imi, ich.	*ishwi*, wir.
iwe, du.	*inwi*, ihr.
yee, er.	*wao*, sie.

Anm. 1. *yee* heisst sowohl „er" wie „sie" und „es", da es ein grammatisches Geschlecht nicht giebt.

Anm. 2. *yee* und *wao* dürfen, wie bereits unter 48 bemerkt, nur von lebenden Wesen gebraucht werden.

Anm. 3. Die obigen Formen gelten auch für den Objektskasus (Dativ und Accusativ). Ein Genitiv wird nicht gebildet.

Anm. 4. Für *iwe* findet sich auch die emphatische Form *wena*, für *yee: yohe* und *yohena*, für *wao: wohe* und *wohena*.

Anm. 5. Mit *na* (und, mit) werden diese Fürwörter wie folgt verbunden: *na imi* oder *nami*, *na iwe* oder *nawe*, *naye*, *na ishwi* oder *naskwi*, *na inwi* oder *nanwi*, *nao*.

Anm. 6. Mit *ndi* (es ist) werden sie wie folgt zusammengesetzt: *ndimi* oder *shimi* (ich bin es oder: hier bin ich), *ndio*, *ndiye*, *ndiskwi* (?), *ndinwi* (?), *ndio*. Dieselbe Bedeutung haben *nimio* (ich bin es), *niweo* (du bist es), *niskwio* (wir sind es), *ni nwio* oder *ni nyio* (ihr seid es).

Anm. 7. Auch mit *si* (nicht) kommen Zusammensetzungen vor, z. B. *siye*, er ist es nicht.[1])

Anm. 8. „Wir alle" heisst *ishwi toshe*, „ihr alle": *inwi nyoshe*, „sie alle": *wao woshe*.

50. Die verbundenen persönlichen Fürwörter für lebende Wesen sind:

ni-, ich.	*ti-*, *tu-*, wir.
u-, du.	*m-*, ihr.
a-, er.	*wa-*, sie.

---

[1]) Welche sonst gebraucht werden, kann ich nicht sagen. Für „ihr seid es nicht" giebt Wohlrab *so inwi*.

Anm. Mit einem Worte verbunden, das vokalisch anlautet, lauten sie *n*-, *w*-, *a*-,[1] *t*- (seltener *ti*-), *tw*-, *mw*-, *wa*-. Mit einem einsilbigen Worte verbunden, sowie vor Wörtern, die mit zwei Konsonanten oder mit *h* anlauten, steht *mu* statt *m*, z. B. *mu-je* (ihr mögt essen), *mu-nywe* (ihr mögt trinken), *muhituke* (ihr mögt werden).

51. Die im vorigen Paragraphen aufgeführten Pronomina haben z. T. besondere Formen für den Objektskasus (Dativ und Accusativ):

ni, mich.   *ti, tu*, uns.
ku, dich.   *mi*[2]), euch.
m, ihn, sie.   *wa*, sie.

Anm. Diese bleiben vor Vokalen in der Regel unverändert mit Ausnahme von *m*, das vor *a, e, i* und oft auch vor *o* die Form *mw*- annimmt. Vor folgendem *i* werden *ni, ti* und *mi* meist elidirt, z. B. *uninke* statt *u-niinke* (du mir gebest). In Verbindung mit *-inka* (geben) nimmt *m* oft die Form *mu* an, wonach *i* ausfällt, *umunke* statt *u-m-inke* (du mögest ihm geben); ähnlich ist *nitakunka* statt *nita-ku-inka* (ich werde dir geben).

52. Über den Unterschied der selbständigen und der verbundenen Fürwörter vergl. 65.

53. Zur Bezeichnung lebloser Wesen existieren selbständige persönliche Fürwörter nicht. Sie müssen eventuell durch hinweisende Fürwörter vertreten werden.

Als verbundene Fürwörter für leblose Wesen gebraucht man die unter 7 für die einzelnen Klassen aufgeführten Silben, und zwar sowohl für den Objekts- wie für den Subjektskasus mit dem einzigen Unterschiede, dass sie im Objektskasus auch vor Vokalen meist dieselbe unverkürzte Form haben wie vor Konsonanten.

54. Das rückbezügliche Fürwort ist für alle Personen, Zahlen und Klassen *ki*.

55. Die besitzanzeigenden Fürwörter sind:

-angu, mein.[3])   *-eshu*[4]), unser.
-ako, dein.   *-enyu*[5]), euer.
-akwe, sein, ihr.   *-awe* und *-ao*, ihr.

Diesen Formen werden, wie bei der Bildung des Genitivs, die charakteristischen Silben unter 7 präfiziert, z. B.

---

[1]) Verschmilzt aber mit folgendem *a*, z. B. *a-a-iza* = *aiza*.
[2]) Berichtige danach Zeitschr. f. A. Spr. p. 46.
[3]) Eigentlich entstanden aus *a-ngu* (von mir), *a-ko* (von dir) etc.
[4]) Seltener *-etu*. [5]) Seltener *-enu*.

ndugu yangu, mein Bruder.
wandugu wako, deine Brüder.
mkono wakwe, seine Hand.
mikono yeshu, unsere Hände.
ngombe yenyu, euer Rind.
ngombe zawe oder *rao*, ihre Rinder, u. s. w.

Anm. 1. Nach einem Hauptwort im Lokativ können diese Fürwörter mit *h-, kw-* oder *mw-* beginnen, je nachdem jener Kasus die nächste Nähe (*ha* = an, bei), eine Bewegung nach einem Gegenstande hin (*ku* = nach hin) oder ein Darinsein bez. Herauskommen (*mwe* = in, aus) bezeichnet, z. B.
nyumbai hangu, an oder bei meinem Hause.
nyumbai kwangu, nach meinem Hause,
nyumbai mwangu[1]), in oder aus meinem Hause.

Anm. 2. *-angu* findet sich häufig direkt mit einem Verwandtschaftsnamen verschmolzen, z. B. *mkasangu* (meine Frau), *mlumangu* (mein Mann), *mwanangu* (mein Kind); ebenso *ngwiyangu* (mein Freund) und *mbuyangu* (mein Blutsfreund). Ähnlich sind *mweshu* und *ngwenetu* (unser Freund) und *mwenyu* (euer Freund) gebildet. Auch die Endung *-ngwa* (andern Leuten gehörig, fremd) mag hierher gerechnet werden, z. B. *nyumbangwa*, ein fremdes Haus.

56. Bei Verwandtschaftsbezeichnungen finden sich für die zweite und dritte Person der Einzahl auch die Endungen *-wo* (dein) und *-ye* (sein), z. B. *mwanawo* (dein Kind), *mwanaye* (sein Kind), dafür tritt häufig *-o* und *-e*, bei Wörtern der III. Kl. auch *-yo* und *-ye* ein.

Anm. *mkasa* (Ehefrau) bildet: *mkasio* und *mkasi(y)e*.

57. Die Wörter für Vater und Mutter werden nicht mit einem besitzanzeigenden Fürwort verbunden, sondern haben besondere Formen:

tate, mein (unser) Vater.   *mlala*[2]), meine (unsere) Mutter.
isho, dein (euer) Vater.   *nyokwe*, deine (eure) Mutter.
ishe, sein (ihr) Vater.   *nine*, seine (ihre) Mutter.

58. Jeder Klasse der Hauptwörter entsprechen vier verschiedene hinweisende Fürwörter. Allen vier Reihen liegen, wie man leicht sehen wird die charakteristischen Silben unter 7 zu Grunde. Sie lauten:

		dieser	jener	jener	jener
I. Kl.	Sing.	uyu	uyo	yuja[3])	shuyu, shuyo, sheyuja
	Plur.	awa	awo	waja	shewaja

[1]) Am gebräuchlichsten scheint indessen in allen drei Fällen *nyumbai yangu* zu sein.
[2]) Oder im Munde der Mädchen: *mame*.
[3]) Oft verkürzt zu *uja* und *ja*.

II. Kl.	Sing. unu	u(w)o	uja	shunu
	Plur. inu	iyo	ija	—
III. Kl.	Sing. inu	iyo	ija	shinu
	Plur. izi	izo¹)	zi(j)a	shizi
IV. Kl.	Sing. iji	ijo	jia	shiji
	Plur. aya	ayo	yaja	sheaya
V. Kl.	Sing. ichi²), aka	icho²), ako	chia, kaja	—
	Plur. ivi	ivyo	vi(j)a	shivyo
VI. Kl.	Sing. ulu, lunu, unu	(l)uno, uo	luja	—
	Plur. izi	izo	zija	—
VII. Kl.	Sing. hanu, aha	aho	huja	sheja³)
	Plur. hanu	aho	haja	—
VIII. Kl.	uku, kunu	kuno, uko	kuja	—
IX. Kl.	umu	umo	muja	—

59. Über die Art der Bildung dieser Fürwörter vergl. Zeitschr. f. A. Spr. p. 47 u. 48.

60. Über den Unterschied der vier Reihen vergl. 70.

61. Zu den Demonstrativen mögen auch die beiden Reihen mit *ndi* (es ist) und *si* (es ist nicht) gerechnet werden, denen die Formen des bezüglichen Fürworts (vergl. 62) in der Bedeutung persönlicher Fürwörter angehängt werden:
I. ndiye (er ist es), ndi(w)o (sie sind es); II. ndi(w)o, ndiyo; III. ndiyo, ndizo; IV. ndijo, ndiyo; V. ndicho, ndiko, ndivyo; VI. ndilo, ndizo; VII. ndiho (hier ist es)⁴); VIII. ndiko (da ist es); IX. ndimo (darin ist es).

I. siye (er ist es nicht), si(w)o u. s. w.

Anm. *ndiyo* und *sivyo* stehen oft in der Bedeutung „ja" und „nein".

62. Die bezüglichen Fürwörter haben für jede Klasse von Hauptwörtern eine besondere Form:
I. (y)e, (w)o; II. (w)o, yo; III. yo, zo; IV. jo, yo; V. cho (ko), vyo; VI. lo, zo; VII. ho (wo); VIII. ko (wo, wohin); IX. mo (worin).

63. Eine zweite Reihe von bezüglichen Fürwörtern, die sehr häufig vorkommt, schliesst in ihrer Bedeutung gleichzeitig das kopulative Verbum „sein" ein:

---

¹) Wohlrab giebt auch *azo, mb.* S. 10.
²) Verbessere danach Zeitschr. f. A. Spr. p. 47.
³) In dieser Spalte sind nur die Formen angegeben, die bis jetzt bekannt geworden sind.
⁴) Auch zeitlich: jetzt ist es.

I. mwe oder e (welcher ist), we (welche sind); II. we, ye; III. ye ze; IV. je, ye; V. che (ke), vye; VI. we, ze; VII. he; VIII. kwe; IX. mwe. Dazu kommen noch für die erste und zweite Person: ne (ich, der ich), we (du, der du), te (wir, die wir), mwe (ihr, die ihr).

64. Die fragenden Fürwörter sind *ndai* (wer?), *mbwai* (was?), *-hi* (welcher?), *ani*[1]) (was für ein?)

Anm. 1. *-hi* präfigiert stets diejenige Vorsilbe der Reihe unter 7, welche der Klasse das Hauptwortes entspricht, worauf *-hi* sich bezieht.

Anm. 2. „Was" kann auch durch ein dem Zeitwort angehängtes *-i* gegeben werden, z. B. *waolelai*, was siehst du?

B. Syntaktisches.

65. Die selbständigen persönlichen Fürwörter werden gebraucht:
1. Wenn sie allein, d. h. nicht in einem Satze stehen, z. B. *amtoileye ni ndai* (wen hat er geschlagen?); Antwort: *imi* (mich).
2. Zur Verstärkung der verbundenen persönlichen Fürwörter, z. B. *unitoile twe* (du hast mich geschlagen).
3. Zum Ersatz für das kopulative Verbum „sein", z. B. *imi mdogo* (ich bin klein; vergl. Zeitwort).

66. Zur Bezeichnung lebloser Wesen (Kl. II—IX), giebt es nur verbundene (vergl. 53), keine selbständigen Fürwörter.

67. Über die Verbindung der persönlichen und bezüglichen Fürwörter mit dem Zeitwort vergl. dasselbe).

68. Die besitzanzeigenden Fürwörter stehen gewöhnlich hinter dem Hauptwort.

69. Die hinweisenden Fürwörter können vor und hinter dem Hauptwort stehen.

70. Die hinweisenden Fürwörter der ersten Reihe *(uyu, awa)* bezeichnen Gegenstände, die dem Sprechenden näher sind als der zweiten Person: dieser, diese, dies (hier bei mir);

die der zweiten Reihe *(uyo, awo)* deuten auf etwas Bekanntes, schon Erwähntes;

die der dritten *(yuja, waja)* weisen auf Gegenstände, die der zweiten Person näher sind als der ersten: jener, jene, jenes (dort bei dir);

---

[1]) *ani* wird im verwandten Bondeï mit den Präfixen unter 7 abgewandelt; im Ki-Shambala scheint es unveränderlich zu sein.

— 17 —

die der vierten endlich sind lediglich Verstärkungen der drei ersten Reihen.

71. Die auf die Klassen VII—IX bezüglichen Demonstrativa werden häufig alleinstehend in adverbieller Bedeutung (und zwar mit Beziehung auf räumliche und zeitliche Verhältnisse gebraucht): *aha*, *hanu*, *uku*, *kunu* (hier), *umu* (hierin), *aho*, *uko*, *kuno* (hier), *umo* (hierin), *haja*, *kuja* (dort), *muja* (darin); *aho* (gewöhnlich mit dem Zusatz *kale*), früher, ehemals.

72. *ndai* (wer?) und *mbwai* (was?) stehen gewöhnlich am Ende des Satzes, z. B. *aizaye ni ndai* (wer kommt?).

Anm. Sätze, die das Fragepronomen *ndai* oder *-hi* enthalten, werden gewöhnlich relativisch gewendet. So bedeutet das obige Beispiel eigentlich: der, welcher kommt, ist wer?

73. *Ndai* (wer?) wird wie ein Hauptwort dekliniert, z. B. *mwana wa ndai* (Sohn wessen?).

IV. Das Zeitwort.

A. Formenlehre.

74. Für die Konjugation des Zeitwortes sind zu unterscheiden Aktiv und Passiv einerseits und andrerseits affirmative und negative Konjugation. Wir betrachten zunächst das affirmative Aktiv. Für die Konjugation desselben sind von Wichtigkeit:
 a) die Grundformen,
 b) die Personal-Präfixe,
 c) die Temporal- und Modal-Präfixe.

75. a) Die Grundform jedes Zeitwortes endigt auf -*a*, z. B. *kunda*, *inka*, *iza*.[1])
 b) Hiervon wird eine zweite Form durch Verwandlung des *a* in *e* abgeleitet, *kunde*, *inke*, *ize*.
 c) Eine dritte Grundform setzte -*ile* an Stelle von *a*: *kundile*, *inkile*, *izile*.

Anm. Wörter mit der Ableitungsendung -*oka*, -*ola*, -*uka*, -*ula*, -*eka*, -*ika*, -*ila*, -*iza*, -*isa* (-*isha*) verwandeln statt dessen das schliessende *a* in *e*[2]), z. B. *goshole* von *goshola*. *Ona* (sehen) bildet *ene*.

---

[1]) Ausgenommen ist *ti*, sagen.
[2]) Sodass sie also in dieser Grundform mit der unter b zusammenfallen.

Seidel, Ki-Shambala. 2

In einer von diesen drei Formen kommt der Verbalstamm in jeder einzelnen Konjugationsform vor, z. B. *uza-kunda*, *kuni-nyimile* (von *nyima*) etc.

76. Die Personen werden nicht wie im Deutschen durch Endungen, sondern durch Präfixe bezeichnet, die stets (auch in der Frage) an die Spitze der Verbalform treten.
Als solche dienen die verbundenen persönlichen Fürwörter (vergl. 50), z. B. *nikunda* (ich liebe), *ukunda* (du liebst), *akunda*[1]) (er liebt) u. s. w.

77. Tempora und Modi werden durch Präfixe ausgedrückt, die stets unmittelbar hinter die persönlichen Fürwörter treten, z. B. *ni-za-lawa* (ich ging hinaus).
Folgende Präfixe dieser Art sind in Gebrauch: *ku*, *ka*, *a*, *za* (*e*), *ki* (*kiza*), *ta* (*taza*), *ke*.

78. Aus den drei Grundformen (75), den Personalpräfixen (76) und den Temporal- und Modal-Präfixen (77) baut sich die ganze Konjugation auf, und zwar werden sie in folgender Reihenfolge zu einer Verbalform zusammengefügt:
1. Personalpräfix. 2. Temporal- oder Modal-Präfix. 3. Grundform, z. B. *nizakunda* (ich liebte) = *ni* (Personalpräfix, ich) + *za* (Temporalpräfix des Imperfekts) + *kunda* (Grundform 75 a.)
Danach ergeben sich folgende Formen:

79. Die Grundformen auf a und e (75 a und b) werden ohne weiteres Präfix als Befehlsform gebraucht, z. B. *kunda* oder *kunde* (liebe!), *goloka* oder *goloke* (steh still!).
In der Mehrzahl wird diesen Formen ein *i* angefügt: *kundai* oder *kundei* (liebt!), *golokai* oder *golokei* (steht still!).

Anm. *-iza* (kommen) bildet unregelmässig *so* (komm!), *soi* (kommt![2]).

80. Das Präfix *ku* (vor Vokalen *kw-*) vor die Grundform auf *-a* gesetzt, giebt den Infinitiv des Zeitworts: *kukunda* (lieben), *kugoloka* (still stehen).

Anm. 1. Statt *ku* steht mitunter auch *kwa* oder *kwe*.
Anm. 2. Nach einigen Verben wie *kudaha* (können), *kuleka* (unterlassen) fällt das *ku* vor einem folgenden Infinitiv gewöhnlich ab. z. B. *kadaha longa* (er kann nicht reden).
Anm. 3. Der einzige Infinitiv auf *i* ist *kuti* (sagen), heute nur in der Bedeutung „dass" nach Verben des Sagens und Denkens gebräuchlich.

---
[1]) *yu* ist hierbei nicht gebräuchlich.
[2]) Verbessere danach Zeitschr. f. A. Spr. p. 51.

— 19 —

81. Drei Formen des Zeitworts werden ohne Temporal- und Modalpräfix lediglich durch Zusammensetzung der verbundenen persönlichen Fürwörter (Personalpräfixe) mit den drei Grundformen gebildet. Dadurch entstehen die drei Formen:
ni-kunda[1]), ich liebe.
ni-kunde, ich möge lieben.
ni-kundile, ich habe geliebt.

82. Die Form ***nikunda*** wird nach der Regel 76 wie folgt abgewandelt:

	Einzahl	Mehrzahl
1. Pers.	*nikunda*, ich liebe.	*tikunda*[2]), wir lieben,
2. Pers.	*ukunda*, du liebst.	*mkunda*, ihr liebt,
3. Ps. für lebende Wesen	*akunda*, er, sie, es liebt,	*wakunda*, sie lieben,
3. Ps. für leblose Dinge	*ukunda* (II. Kl.), *ikunda* (III.), *jikunda* (IV.), *chikunda* oder *kakunda* (V.), *lukunda* (VI.) *hakunda* (VII.), *kukunda* (VIII.), er, sie, es liebt.	*ikunda* (II.), *zikunda* (III.), *yakunda* (IV.), *vikunda* (V.) *zikunda* (VI.), *hakunda* (VII), sie lieben.

Der Verbalstamm bleibt in den einzelnen Personen unverändert, in dieser wie in jeder andern Verbalform, vielmehr ändern sich nur die Personalpräfixe nach obigem Muster. Es kann daher im folgenden davon abgesehen werden, jede einzelne Zeitform durchzukonjugieren.

Die Form *nikunda*[3]) entspricht unserem Präsens. Am häufigsten steht sie in Relativsätzen, kommt aber auch sonst neben der zweiten unter 85 erwähnten Präsensform vor.

83. Die Form ***nikunde*** (konjugiert wie *nikunda*) steht
a) in Abhängigkeit von einem Verbum zum Ausdruck einer Absicht, z. B. *mlonge **aize*** (sag ihm, er möge kommen).
b) unabhängig (unter Ellipse des Zeitworts „wollen") zum Ausdruck einer Aufforderung oder einer zweifelnden Frage, z. B.

---
[1]) Vergl. Zeitschr. f. A. Spr. p. 59.
[2]) Oder *lukunda*.
[3]) Wir sehen davon ab, besondere grammatische Benennungen für die einzelnen Formen zu schaffen.

wize nami (du mögest mit mir kommen).
tigoshole mbwai (was sollen wir thun?).

84. Die Form *nikundile* hat die Bedeutung unseres Perfektums: ich habe geliebt.

85. Eine zweite Form für das Präsens (vergl. 82) wird durch das Präfix *a* gebildet, vor dem die Personalpräfixe natürlich die vor Vokalen übliche Form annehmen müssen, z. B.

nakunda (statt *ni - a - kunda*), ich liebe,
wakunda („ *u - a - kunda*), du liebst,
akunda („ *a - a - kunda*), er liebt.

(Für leblose Dinge: II. *wa-*, III. *ya-*, IV. *ja-*, V. *cha-*, ka-, VI. *lwa-*, VII. *ha-*, VIII. *kwakunda*).

takunda oder *tiakunda* } wir lieben
twakunda
mwakunda (statt *m - a - kunda*), ihr liebt,
wakunda („ *wa - a - kunda*), sie lieben.

(Für leblose Dinge: II. *ya-*, III. *za-*, IV. *ya-*, V. *vya-*, VI. *za-*, VII. *ha-*.)

86. Durch das Präfix *za* bildet man das Tempus der erzählenden Vergangenheit (deutsches Imperfekt), z. B.

nizakunda, ich liebte (auch *nzakunda*),
uzakunda, du liebtest,
azakunda etc., er liebte,
tizakunda, wir liebten,
mzakunda, ihr liebtet,
wazakunda etc., sie liebten.

Anm. Statt *za* findet sich mit derselben Bedeutung auch *te*.[1]

87. Das Präfix *ta* (seltener *taza*) dient zur Bildung des Futurums:
nitakunda[2], ich werde lieben etc., *titakunda*,
utakunda, *mtakunda*,
atakunda, *watakunda* etc.

88. Das Präfix *ki* (seltener *kiza* oder wie im Bondeï *ka*) bildet einen Modus mit adverbialer Bedeutung, den man am besten mit Konjunktionen übersetzt, z. B. *nikikunda*, da, als, weil, wenn, obwohl, indem ich liebe oder liebte.

---

[1] In zwei Beispielen habe ich dafür auch *ne* gefunden und zwar beide Mal nach der Konjunktion *paka* (bis).
[2] Dafür häufig *ntakunda*.

89. Mit *ke* wird ein Tempus der Vergangenheit gebildet, das den Begriff der Fortdauer der Handlung während des Eintritts einer andern Handlung einschliesst, z. B. *akelonga*, er redete noch (als das und das geschah.[1])

90. Wenn den Formen ***nikunde, nizakunda, nikikunda*** ein unveränderliches *ne* vorgesetzt wird, so erhält:

a) ***nenikunde*** (*neukunde, neakunde, netikunde* etc.) die Bedeutung von *nitakunda*, ich werde lieben.

Anm. 1. Statt *ne*- kann auch *na* oder *nese* eintreten. Das letztere verleiht der Form einen besonderen Nachdruck: *nezenikunde*, ich werde sicherlich lieben.

Anm. 2. Folgen mehrere solche Futura aufeinander, so fällt *ne* beim zweiten und den folgenden fort.

b) ***nenizakunda***[2]) bezeichnet eine in der Vergangenheit fortdauernde Handlung = ich liebte = *J was loving*.

Konjugation: *neuzakunda, neazakunda*, etc.: *netizakunda, nemzakunda, newazakunda* etc.

c) ***nenikikunda*** (statt *nenikikunda*) hat dieselbe Bedeutung wie *nenizakunda*.

Konjugation: *neukikunda, neakikunda* etc.

Anm. Mit *ne* ist auch die Form *nenihokunda* gebildet, die „als ich liebte" bedeutet, einem Präsens *nihokunda* „wenn ich liebe" (zeitlich) entspricht, aber selten vorzukommen scheint.

91. Das Präfix *ka* kann mit den Formen *kunda* (*kundai, kunde, kundei*) und *nikunde* verbunden werden und fügt ihrer Bedeutung den Begriff „und" hinzu, z. B. *kakunda* (und liebe!) *nikakunde* (und ich möge lieben).

Anm. 1. Die Form *nikakunda*, die z. B. im Suaheli häufig ist und „und ich liebte" bedeutet, scheint ganz zu fehlen.

Anm. 2. Auch die Form *nenikunde* kann *ka* einschieben: *nenikakunde*, und ich werde lieben.

92. Das Futurum kann auch durch das Verbum -*inga* oder -*unga* im I. Präsens (82) mit folgender *nikunde*-Form umschrieben werden, z. B. *nguo izi zinga zibondeke*, diese Kleider werden zerreissen.

Anm. 1. *inga* kann dabei auch unveränderlich bleiben: *inga zibondeke*.

Anm. 2. Statt der *nikunde*-Form kann auch der Infinitiv eintreten: *singa kubondeka*.

93. In irrealen Bedingungssätzen steht *ati* (wenn) mit dem

---

[1]) Fehlt in Zeitschr. f. A. Spr.
[2]) Dafür auch *nenishikunda*.

nizakunda-Tempus im Vordersatze, im Nachsatze *anga* mit demselben Tempus, z. B.:

ati nizalonga naye, anga azauya nguzu, wenn ich mit ihm gesprochen hätte, wäre er sofort zurückgekehrt.[1]

94. Das positive Aktiv hat also folgende Formen:

Infinitiv: *kukunda*, lieben.
Imperativ: I. *kunda, kunde*, liebe.
kundai, kundei, liebt.
II. *kakunda, kakunde*, und liebe.
kakundai, kakundei, und liebt.
Präsens: I. *nikunda*, ich liebe.
II. *nakunda*, ich liebe.
Imperfekt: I. *nizakunda*, ich liebe (erzählend).
II. *nenizakunda*, \
III. *nenkikunda*, / ich liebte (fortdauernd).
IV. *nikekunda*, ich liebte noch.
Einfaches Futurum: I. *nitakunda*, \
II. *nenikunde, nanikunde, nezenikunde*, } ich werde lieben.
III. *(n)inga nikunde*, /
Perfektum: *nikundile*, ich habe geliebt.[2]
Adverbialis: *nikikunda*, indem etc. ich liebte.
Konjunktiv: I. *nikunde*, ich möge lieben.
II. *nikakunde*, und ich möge lieben.
Hypothetikus: *anga nizakunda*, ich hätte geliebt.

95. Für das deutsche Plusquamperfekt und das vergangene Futurum hat das Ki-Shambala keine entsprechende Form.

96. Das deutsche „nicht" in Verbindung mit einem Zeitwort wird durch die Partikeln *ka* und *she* (oder *sha*) ausgedrückt.

Ka tritt unmittelbar vor die Personalpräfixe, wobei einige Zusammenziehungen vorkommen, statt *kani* sagt man *si:*

si (shi), ich nicht.   *kati*, wir nicht.
ku, du nicht.   *kam(we)*, ihr nicht.
ka, er, sie, es nicht.   *kawa*, sie nicht.

---

[1] Fehlt in der Zeitschr. f. A. Spr.
[2] Das Perfektum wird oft durch *kubinda* (vollenden) umschrieben: *nizabinta kukunda* (ich vollendete zu lieben =) ich habe geliebt.

Singular.
II. *kau:* III. *kai;* IV. *kaji;* V. *kachi, kaka;* VI. *kalu (kau);* VII. *kaha;* VIII. *kaku,* er, sie, es nicht.

Plural.
II. *kai;* III. *kazi;* IV. *kaya;* V. *kazi;* VI. *kazi;* VII. *kaha,* sie nicht.

Die Negativpartikel *she* wird zwischen Subjektsfürwort und Verbalstamm eingeschoben.

97. Es entspricht durchaus nicht jeder Form der affirmativen Konjugation auch eine negative Form. Die negativen Formen sind vielmehr nur die folgenden:

a) Verneinung für *nikunda* und *nakunda* ist **sikunda**, ich liebe nicht.

Konjugation: *sikunda, kukunda, kakunda* etc.; *katikunda, kamkunda, kawakunda* etc.; daneben kommt, aber nur in Relativsätzen, eine andere Form vor, die aus *nikunda* einfach durch Einfügung der Negation *she* gebildet ist (vergl. 117): *nishekunda, ushekunda* etc.

b) Verneinung für die Imperfekte und für das Perfekt ist **sikundile**, ich liebte nicht oder habe nicht geliebt.

Konjugation: *sikundile, kukundile, kakundile* etc.

c) Verneinung für die verschiedenen Formen des Futurums ist **senikunde** oder **sezenikunde**, ich werde nicht lieben.

Konjugation: I. Pers. **senikunde** oder **sezenikunde**; II. Pers. *koukunde*[1]) oder *kozoukunde*; III Pers. *kakunde*[2]) oder *kazaakunde* oder *kezeakunde* etc. I. Pers. Pl. *katitikunde;* II. Pers. Pl. *kamkunde*[3]); III. Pers. Pl. *kawawakunde.*

Die erste Hälfte dieser Form wird häufig einfach durch das unveränderliche *keze* ersetzt, auf welches die *nikunde*-Form folgt, z. B. *kezemlawe,* ihr werdet nicht hinausgehen.

Eine seltenere negative Form des Futurums ist **sitakunda** (ich werde nicht lieben), *kutakunda, katakunda* etc., *katitakunda, kamtakunda, kawatakunda* etc., also ganz entsprechend der positiven Form *nitakunda.*

d) Nur in Relativsätzen steht die Form **nishekunda** (ich

---
[1]) Statt *kau-ukunde.*
[2]) Statt *ka-akunde.*
[3]) Statt *kam-mkunde;* aber auch *kamumkunde.*

liebe nicht; vergl. unter a.), *ushekunda*, *ashekunda* etc., *tishekunda*, *mshekunda*, *washekunda* etc., z. B. *muntu asheyeiza*, der Mann, welcher nicht kommt.

e) Der verneinte Konjunktiv lautet ***nishekunde*** (ich möge nicht lieben), *ushekunde*, *ashekunde* etc.

Anm. Statt *she* kann in dieser Form auch *sheza* stehen: *nishezakunde*, *ushezakunde* (du mögest nicht lieben). *Ushekunde* und *mshekunde* vertreten den negativen Imperativ, für den eine besondere Form nicht vorhanden ist.

f) Der verneinte Adverbialis (*nikikunda*) lautet: ***nikishekunda*** (indem etc. ich nicht liebe, liebte), *ukishekunda*, *akishekunda* etc.

g) Der verneinte Infinitiv ist ***kushekunda*** (nicht lieben). Dafür steht gewöhnlich *kuleka kukunda* (unterlassen zu lieben).

h) ***nishezati nikunde*** bedeutet „ich liebe noch nicht" oder „ehe ich liebe". Beide Teile werden abgewandelt: *ushezati nkunde*, *ashezati akunde* etc.[1]

98. Hiermit sind die aktiven Formen des Zeitwortes erschöpft. Erwähnt sei noch, dass durch das Präfix *m* (Plural *wa-*, I. Kl. der Hauptw.) eine Art Partizipium gebildet werden kann. Meist sind solche Formen jedoch reine Substantive; der Endvokal des Zeitworts geht dabei häufig in *i* über, z. B. *mwoki* (backend =) Bäcker, von *-oka* (backen).

99. Die passiven Tempora und Modi unterscheiden sich (in der affirmativen wie in der negativen Konjugation) von den aktiven nicht etwa durch andere charakteristische, tempusbezeichnende Präfixe, die verschiedenen Tempora und Modi werden vielmehr genau so gebildet wie im Aktiv, nur werden etwas veränderte Stammformen zu Grunde gelegt. Während die Stammformen des Aktivs auf *-a*, *-e*, *-ile* auslauten, treten hierfür im Passiv die Endungen *-wa*, *-we*, *-ilwe* ein, z. B. *-kundwa*, *kundwe*, *kundilwe* von *-kunda*. Da die so gebildeten passiven Grundformen, wie gesagt, ganz nach dem Muster des Aktivs abgewandelt werden, so erübrigt es sich, das Paradigma hier ausdrücklich herzusetzen.

---

[1] Bei Wohlrab finden sich allerdings auch Formen wie *kawazati wabule* statt *washezati wabule* und *mushi kauzati uzinke* (ehe der Tag vergeht), statt *ushezati*. Auch findet sich die Grundform auf *a* in dem zweiten Teile der Wendung: *kifa chishezati chinibulila* (ehe der Tod mich erreicht). Die Sache bedarf daher noch weiterer Aufklärung.

Anm. 1. Mitunter wird die Grundform des Passivs auf -*igwa* (-*igwe*) statt auf -*wa* gebildet, z. B. kutoigwa, geschlagen werden (Last giebt *kutowa*). Besonders scheint dies ausschliesslich der Fall zu sein bei Zeitwörtern, die in der aktiven Grundform einen Vokal vor dem -*a* haben, wie *kutoa* (schlagen). Doch finden sich auch andere, z. B. *ushigwa* (beseitigt werden), -*ufigwa* (betrogen werden), -*lishigwa* (gefüttert werden), -*omeshigwa* (genährt werden), -*letigwa* (gebracht worden), -*baigwa* (gestohlen werden), -*onyeshigwa* (hingewiesen werden). Das Perfekt lautet dann *ntufigwe* (nicht *niufigitwe*) wie der Konjunktiv.

Anm. 2. Besondere Aufmerksamkeit verdienen diejenigen Zeitwörter, die im Deutschen den Dativ einer Person regieren und dort nur ein unpersönliches Passiv bilden können. Im Ki-Shambala bilden auch sie ein persönliches Passiv, z. B. -*inkwa*, bekommen, von -*inka*, geben; -*gambilwa*, erfahren, von -*gambila*, sagen. Nur im Passiv ist gebräuchlich *nagangwa*, es wird mir gesagt, man sagt mir.

Der Übersicht wegen folgt hier ein vollständiges Paradigma eines Verbums im Aktivum und Passivum sowie in der affirmativen und negativen Abwandlung.

A. Aktiv.

Affirmativ.   Negativ.

Imperativ.

koma, kome töte!   fehlt. Dafür der verneinte Konjunktiv: usbekome, mshekome.
koma*i*, kome*i*, tötet!

Kontinuativer Imperativ.

*ka*koma, *ka*kome, und töte!   fehlt.
*ka*koma*i*, *ka*kome*i*, und tötet!

Infinitiv.

*ku*koma, töten.[1)]   *kushe*koma oder kuleka kukoma, nicht töten.

I. Präsens.

Sing. *ni*koma, ich töte.   a) Sing. *si*koma, ich töte nicht.
*u*koma, du tötest.   *ku*koma, du tötest nicht.
*a*koma, er, sie, es tötet.   *ka*koma, er, sie, es tötet nicht.

[1)] Auch *kwe*koma und *kwa*koma.

II. *u*koma
III. *i*koma
IV. *ji*koma
V. *chi*koma
*ka*koma
VI. *lu*koma
*u*koma
VII. *ha*koma
VIII. *ku*koma
} er, sie, es tötet.

II. *kau*koma
III. *kai*koma
IV. *kaji*koma
V. *kachi*koma
*kaka*koma
VI. *kalu*koma
*kau*koma
VII. *kaha*koma
VIII. *kaku*koma
} er, sie, es tötet nicht.

Plur. *ti*koma, wir töten.
*m*koma, ihr tötet.
*wa*koma, sie töten.

Plur. *kati*koma, wir töten nicht.
*kam*koma, ihr tötet nicht.
*kawa*koma, sie töten nicht.

II. *i*koma
III. *zi*koma
IV. *ya*koma
V. *vi*koma
VI. *zi*koma
VII. *ha*koma
VIII. *ku*koma
} sie töten.

II. *kai*koma
III. *kazi*koma
IV. *kaya*koma
V. *kavi*koma
VI. *kazi*koma
VII. *kaha*koma
} sie töten nicht

b) Dafür in Relativsätzen:

Sing. *nishe*koma, ich töte nicht.
*ushe*koma, du tötest nicht.
*ashe*koma, er, sie, es tötet nicht.

II. *ushe*koma } er, sie, es
III. *ishe*koma } tötet nicht.
u. s. w.

Plur. *tishe*koma, wir töten nicht.
*mshe*koma, ihr tötet nicht.
*washe*koma, sie töten nicht.

II. *ishe*koma } sie töten
III. *zishe*koma } nicht
u. s. w.

II. Präsens.

Sing. *na*koma, ich töte.
*wa*koma, du tötest.
*a*koma, er, sie, es tötet.

Sing. *si*koma
*ku*koma
*ka*koma
u. s. w.
} wie beim I. Präsens.

II. *wa*koma
III. *ya*koma
IV. *ja*koma
V. *cha*koma
    *ka*koma
VI. *kwa*koma
    *wa*koma
VII. *ha*koma
VIII. *kwa*koma

} er, sie, es tötet.

Plur. *ta*koma, *twa*koma, wir töten.
*mwa*koma, ihr tötet.
*wa*koma, sie töten.

II. *ya*koma
III. *za*koma
IV. *ya*koma
V. *vya*koma
VI. *za*koma
VII. *ha*koma

} sie töten.

I. Imperfekt.

Sing. *niza*koma, ich tötete.¹)
*uza*koma, du tötetest.
*aza*koma, er, sie, es tötete.

fehlt. Dafür das negative Perfektum.

II. *uza*koma
III. *iza*koma
IV. *jiza*koma
V. *chiza*koma
    *kaza*koma
VI. *luza*koma
    *uza*koma
VII. *haza*koma
VIII. *kuza*koma

} er, sie, es tötete.

Plur. *tiza*koma, wir töteten.
*mza*koma, ihr tötetet.
*waza*koma, sie töteten.

II. *iza*koma
III. *ziza*koma
IV. *yaza*koma

} sie töteten.

¹) Dafür seltener *nitekoma* oder *ninekoma*.

V. *viza*koma
VI. *ziza*koma
VII. *haza*koma
} sie töteten.

II. Imperfekt.

Sing. *nenizakoma*, ich tötete.
neuzakoma, du tötetest.
neazakoma, er, sie, es tötete.
II. *neuza*koma } er, sie, es
III. *neiza*koma } tötete
u. s. w. wie *nizakoma* nur mit vorgesetztem *ne*.

fehlt. Dafür das negative Perfektum.

III. Imperfekt.

Sing. *nenki*koma[1]), ich tötete.
*neuki*koma, du tötetest.
*neaki*koma, er, sie, es tötete.
II. *neu*kikoma } er, sie, es
III. *nei*kikoma } tötete.
u. s. w. wie *nenizakoma*, nur dass *ki* statt *za* eintritt.

fehlt. Dafür das negative Perfektum.

IV. Imperfekt.

Sing. *nike*koma, ich tötete noch.
*uke*koma, du tötetest noch.
*ake*koma, er tötete noch.
u. s. w. wie *nizakoma*.

fehlt.

Perfektum.

Sing. *ni*kom*ile*, ich habe getötet.
*u*kom*ile*, du hast getötet.
*a*kom*ile*, er, sie, es hat getötet.

Sing. *si*kom*ile*, ich habe ⎫ nicht
*ku*kom*ile*, du hast ⎬ ge-
*ka*kom*ile*,er,sie,eshat ⎭ tötet.

---
¹) Statt *nenikikoma*.

II. *u*kom*ile*		
III. *i*kom*ile*		
IV. *ji*kom*ile*		
V. *chi*kom*ile*	er, sie, es	
*ka*kom*ile*	hat getötet.	
VI. *lu*kom*ile*		
*u*kom*ile*		
VII. *ha*kom*ile*		
VIII. *ku*kom*ile*		

II. *kau*kom*ile*		
III. *kai*kom*ile*		
IV. *kaji*kom*ile*		
V. *kachi*kom*ile*	er, sie, es	
*kaka*kom*ile*	hat nicht	
VI. *kalu*kom*ile*	getötet	
*kau*kom*ile*		
VII. *kaha*kom*ile*		
VIII. *kaku*kom*ile*		

Plur. *ti*kom*ile*, wir haben getötet.
*m*kom*ile*, ihr habt getötet.
*wa*kom*ile*, sie haben getötet.

II. *i*kom*ile*	
III. *zi*kom*ile*	
IV. *ya*kom*ile*	sie haben
V. *vi*kom*ile*	getötet.
VI. *zi*kom*ile*	
VII. *ha*kom*ile*	

Plur. *kati*kom*ile*, wir haben nicht
*kam*kom*ile*, ihr habt ge-
*kawa*kom*ile*, sie haben tötet

II. *kai*kom*ile*	
III. *kazi*kom*ile*	sie haben
IV. *kaya*kom*ile*	nicht
V. *kavi*kom*ile*	getötet.
VI. *kazi*kom*ile*	
VII. *kaha*kom*ile*	

I. Futurum.

Sing. *ni*takoma, ich werde töten.
*u*takoma, du wirst töten.
*a*takoma, er, sie, es wird töten.

II. *u*takoma	
III. *i*takoma	
IV. *ji*takoma	
V. *chi*takoma	er, sie, es
*ka*takoma	wird töten.
VI. *lu*takoma	
*u*takoma	
VII. *ha*takoma	
VIII. *ku*takoma	

Sing. *si*takoma, ich werde nicht töten.
*ku*takoma, du wirst töten.
*ka*takoma, er wird

II. *kau*takoma	
III. *kai*takoma	
IV. *kaji*takoma	
V. *kachi*takoma	er, sie, es
*kaka*takoma	wird
VI. *kalu*takoma	nicht töten.
*kau*takoma	
VII. *kaha*takoma	
VIII. *kaku*takoma	

Plur. *ti*takoma, wir werden töten.
*m*takoma, ihr werdet töten.
*wa*takoma, sie werden töten.

Plur. *kati*takoma, ich werde nicht töten.
*kam*takoma, ihr werdet nicht töten.
*kawa*takoma, sie werden nicht töten.

II. *ita*koma
III. *zita*koma
IV. *yata*koma
V. *vita*koma
VI. *zita*koma
VII. *hata*koma
} sie werden töten.

II. *kaita*koma
III. *kazita*koma
IV. *kayata*koma
V. *kavita*koma
VI. *kazita*koma
VII. *kahata*koma
} sie werden nicht töten.

II. Futurum.

Sing. *neni*kome¹), ich werde töten.
*neu*kome, du wirst töten.
*nea*kome, er, sie, es wird töten.

Sing. *seni*kome, ich werde
*kou*kome, du wirst
*ka*kome,er,sie,es wird
} nicht töten.

II. *neu*kome
III. *nei*kome
IV. *neji*kome
V. *nechi*kome
   *neka*kome
VI. *nelu*kome
   *neu*kome
VII. *neha*kome
VIII. *neku*kome
} er, sie, es wird töten.

II. *kou*kome
III. *kai*kome
IV. *kajiji*kome
V. *kuchichi*kome
   *kakaka*kome
VI. *kalulu*kome
   *kou*kome
VII. *kahaha*kome
VIII. *kakuku*kome
} er, sie, es wird nicht töten.

Plur. *neti*kome, wir werden töten.
*nemu*kome, ihr werdet töten.
*newawa*kome, sie werden töten.

Plur. *katiti*kome, wir werden nicht töten.
*kamumu*kome, ihr werdet nicht töten.
*kawawa*kome, sie werden nicht töten.

II. *nei*kome
III. *nezi*kome
IV. *neya*kome
V. *nevi*kome
VI. *nezi*kome
VII. *nehа*kome
} sie werden töten.

II. *kai*kome
III. *kazizi*kome
IV. *kıyaya*kome
V. *kavivi*kome
VI. *kızizi*kome
VII. *kahaha*kome
} sie werden nicht töten.

III. Futurum.

Sing. *nezeni*kome, ich werde bestimmt töten.

Sing. *sezeni*kome, ich werde bestimmt nicht töten.

---

¹) Oder *nani*kome.

nezeukome, du wirst bestimmt
töten.
nezeakome, er, sie, es wird
bestimmt töten.
II. *nezeu*kome ⎫ er (sie, es) wird
III. *nezei*kome ⎬ bestimmt töten.
u. s. w. wie *ne*nikome, nur dass
neze statt ne eintritt.

kozoukome, du wirst bestimmt nicht töten.
*kezea*kome[1]), er, sie, es wird bestimmt nicht töten.
II. *kozou*kome
III. *kezei*kome
IV. *kezeji*kome
u. s. w. stets mit Präfizierung von *keze* vor die Formen des Konjunktivs.

IV. Futurum.

Sing. *inga ni*kome, ich werde töten.
*inga u*kome, du wirst töten.
*inga a*kome, er wird töten.
II. *inga u*kome ⎫
III. *inga i*kome ⎰
u. s. w.

Sing. inga nishekome (?).

Adverbialis.

Sing. *niki*koma, indem ich töte oder tötete.
*uki*koma, indem du tötetest.
*aki*koma, indem er, sie, es tötete.
II. *uki*koma
III. *iki*koma
IV. *jiki*koma
V. *chiki*koma
*kaki*koma
VI. *luki*koma
*uki*koma
VII. *haki*koma
VIII. *kuki*koma
⎱ indem er, sie, es tötete.

Sing. *nikishe*koma, indem ich nicht töte oder tötete.
*ukishe*koma, indem du nicht tötetest.
*akishe*koma, indem er, (sie, es) nicht tötete.
II. *ukishe*koma
III. *ikishe*koma
IV. *jikishe*koma
V. *chikishe*koma
*kakishe*koma
VI. *lukishe*koma
*ukishe*koma
VII. *hakishe*koma
VIII. *kukishe*koma
⎱ indem er (sie, es) nicht tötete.

[1]) Oder kazaakome.

— 32 —

Plur. *tiki*koma, indem wir töteten.
*mki*koma, indem ihr tötetet.
*waki*koma, indem sie töteten.

II. *iki*koma
III. *ziki*koma
IV. *yaki*koma } indem sie
V. *viki*koma } töteten.
VI. *ziki*koma
VII. *haki*koma

Plur. *tikishe*koma, indem wir nicht töteten.
*mkishe*koma, indem ihr nicht tötetet.
*wakishe*koma, indem sie nicht töteten.

II. *ikishe*koma
III. *zikishe*koma
IV. *yakishe*koma } indem sie
V. *vikishe*koma } nicht töteten.
VI. *zikishe*koma
VII. *hakishe*koma

Konjunktiv.

Sing. *ni*kome, ich möge töten.
*u*kome, du mögest töten.
*a*kome, er (sie, es) möge töten.

II. *u*kome
III. *i*kome
IV. *ji*kome
V. *chi*kome } er (sie, es)
*ka*kome } möge töten.
VI. *lu*kome
*u*kome
VII. *ha*kome
VIII. *ku*kome

Sing. *nishe*kome¹), ich möge nicht töten.
*ushe*kome, du mögest nicht töten.
*ashe*kome, er (sie, es) möge nicht töten.

II. *ushe*kome
III. *ishe*kome
IV. *jishe*kome
V. *chishe*kome } er (sie, es) möge
*kashe*kome } nicht töten.
VI. *lushe*kome
*ushe*kome
VII. *hashe*kome
VIII. *kushe*kome

u. s. w.

Kontinuativer Konjunktiv.

Sing. *nika*kome, und ich möge töten.
*uka*kome, und du mögest töten.
*aka*kome, und er (sie, es) möge töten.

fehlt. Dafür nami (und ich) nishekome.

¹) Oder nishezakome.

II. *uka*kome \
III. *ika*kome ∫

u. s. w. immer mit eingeschobenem *ka*.

Hypothetikus.

Sing. anga ni*za*koma, ich hätte getötet.
anga u*za*koma, du hättest getötet.
anga a*za*koma, er (sie, es) hätte getötet.
u. s. w. vergl. § 93.

Sing. anga sikomile, ich hätte nicht getötet (??).

Das „Nochnicht"-Tempus.

Sing. nishezati nikome, ich töte noch nicht, ehe ich töte.
ushezati ukome, du tötest noch nicht.
ashezati akome, er (sie, es) tötet noch nicht.
II. ushezati ukome
III. ishezati ikome
IV. jishezati jikome
u. s. w.

B. Passiv.

Affirmativ.

Negativ.

Imperativ.

kom*wa*, kom*we*, werde getötet!
kom*wai*, kom*wei*, werdet getötet!

fehlt. Dafür der verneinte Konjunktiv: ushekomwe, mshekomwe.

Kontinuativer Imperativ.

*ka*kom*wa*, *ka*kom*we*, und werde getötet!
*ka*kom*wai*, *ka*kom*wei*, und werdet getötet!

fehlt.

— 34 —

Infinitiv.

kukoma*wa*, getötet werden.   kushekoma*wa* oder kuleka kukoma*wa*, nicht getötet werden.

I. Präsens.

Sing. *ni*koma*wa*, ich werde getötet.
*u*koma*wa*, du wirst getötet.
*a*koma*wa*, er (sie, es) wird getötet.
II. *u*komz*wa*
III. *i*komwa
IV. *ji*komwa
V. *chi*komwa
   *ka*komwa } or (sie, es) wird getötet.
VI. *lu*komwa
   *u*komwa
VII. *ha*komwa
VIII. *ku*komwa

Plur. *tu*komawa, wir werden getötet.
*m*komawa, ihr werdet getötet.
*wa*komawa, sie werden getötet.
II. *i*komwa
III. *zi*komwa
IV. *ya*komwa   } sie werden getötet.
V. *vi*komwa
VI. *zi*komwa
VII. *ha*komwa

Sing. *si*komawa, ich werde nicht getötet.
*ku*komawa, du wirst nicht getötet.
*ka*komawa, er (sie, es) wird nicht getötet.
II. *kau*komwa
III. *kai*komwa
IV. *kaji*komawa
V. *kachi*komwa
   *kaka*komwa } er (sie, es) wird nicht getötet.
VI. *kalu*komwa
   *kau*komawa
VII. *kuka*komwa
VIII. *kaku*komwa

Plur. *kati*komawa, wir werden nicht getötet.
*kam*komawa, ihr werdet nicht getötet.
*kawa*komawa, sie werden nicht getötet.
II. *kai*komwa
III. *kazi*komwa
IV. *kaya*komwa   } sie werden nicht getötet.
V. *kavi*komwa
VI. *kazi*komwa
VII. *kaha*komwa

b) Dafür in Relativsätzen.

Sing. *nishe*komawa, ich werde nicht getötet.
*ushe*komawa, du wirst nicht getötet.
*ashe*komawa, er (sie, es) wird nicht getötet.

II. *ushe*komwa } er (sie, es)
III. *ishe*komwa } wird nicht getötet.
u. s. w.

Plur. *tishe*komwa, wir werden nicht getötet.
*mshe*komwa, ihr werdet nicht getötet.
*washe*komwa, sie werden nicht getötet.
II. *ishe*komwa } sie werden
III. *zishe*komwa } nicht getötet.
u. s. w.

II. Präsens.

Sing. *na*komwa, ich werde getötet.
*wa*komwa, du wirst getötet.
*a*komwa, er (sie, es) wird getötet.
II. *wa*komwa
III. *ya*komwa
IV. *ja*komwa
V. *cha*komwa
*ka*komwa
VI. *kwa*komwa
*wa*komwa
VII. *ha*komwa
VIII. *kwa*komwa
} er (sie, es) wird getötet.

Sing. *si*komwa,
*ku*komwa,
*ka*komwa,
} wie beim I. Präsens.
u. s. w.

Plur. *ta*komwa (*twa*komwa), wir werden getötet.
*mwa*komwa, ihr werdet getötet.
*wa*komwa, sie werden getötet.
II. *ya*komwa
III. *za*komwa
IV. *ya*komwa
V. *vya*komwa
VI. *za*komwa
VII. *ha*komwa
} sie werden getötet.

3*

I. Imperfekt.

Sing. *nizakomwa*, ich wurde getötet.
uzakomwa, du wurdest getötet.
azakomwa, er (sie, es) wurde getötet.

II. *uzakomwa*
III. *izakomwa*
IV. *jizakomwa*
V. *chizakomwa*
kazakomwa
VI. *luzakomwa*
uzakomwa
VII. *hazakomwa*
VIII. *kuzakomwa*
} er (sie, es) wurde getötet.

fehlt. Dafür das negative Perfektum.

Plur. *tizakomwa*, wir wurden getötet.
mzakomwa, ihr wurdet getötet.
wazakomwa, sie wurden getötet.

II. *izakomwa*
III. *zizakomwa*
IV. *yazakomwa*
V. *vizakomwa*
VI. *zizakomwa*
VII. *hazakomwa*
} sie wurden getötet.

II. Imperfekt.

Sing. *nunizakomwa*, ich wurde getötet.
ncuzakomwa, du wurdest getötet.
ncazakomwa, er (sie, es) wurde getötet.

II. *neuzakomwa* } er (sie, es)
III. *neizakomwa* } wurde getötet.

u. s. w. wie nizakomwa, nur mit vorgesetztem ne.

fehlt. Dafür das negative Perfektum.

III. Imperfekt.

Sing. *nenki*komawa, ich wurde getötet.
*neuki*komwa, du wurdest getötet.
*neaki*komwa, er wurde getötet.
II. *neuki*komwa \} er (sie, es)
III. *neiki*komwa / wurde getötet.
u. s. w. wie nenizakomwa, nur dass *ki* statt *za* eintritt.

fehlt. Dafür das negative Perfektum.

IV. Imperfekt.

Sing. *nike*komawa, ich wurde noch getötet.
*uke*komawa, du wurdest noch getötet.
*ake*komawa, er wurde noch getötet.
u. s. w. wie nizakomwa.

fehlt.

Perfektum.

Sing. *ni*kom*ihwe*, ich bin getötet worden.
*u*kom*ihwe*, du bist getötet worden.
*a*kom*ihwe*, er (sie, es) ist getötet worden.
II. *u*kom*ihwe*
III. *i*kom*ihwe*
IV. *ji*kom*ihwe*
V. *chi*kom*ihwe*
*ka*kom*ihwe*
VI. *lu*kom*ihwe*
*u*kom*ihwe*
VII. *ha*kom*ihwe*
VIII. *ku*kom*ihwe*

\} er (sie, es) ist getötet worden.

Sing. *si*kom*ihwe*, ich bin nicht getötet worden.
*ku*kom*ihwe*, du bist nicht getötet worden.
*ka*kom*ihwe*, er (sie, es) ist nicht getötet worden.
II. *kau*kom*ihwe*
III. *kai*kom*ilwe*
IV. *kaji*kom*ihwe*
V. *kachi*kom*ilwe*
*kaka*kom*ilwe*
VI. *kalu*kom*ihwe*
*kau*kom*ilwe*
VII. *kaha*kom*ilwe*
VIII. *kaku*kom*ihwe*

\} er (sie, es) ist nicht getötet worden.

Plur. *ti*komi*hve*, wir sind getötet worden.
*m*komi*hve*, ihr seid getötet worden.
*wa*komi*hve*, sie sind getötet worden.

II. *i*komi*hve*
III. *zi*komi*hve*
IV. *ya*komi*hve* } sie sind
V. *vi*komi*hve* } getötet worden.
VI. *zi*komi*hve*
VII. *ha*komi*hve*

Plur. *kati*komi*hve*, wir sind nicht getötet worden.
*kam*komi*hve*, ihr seid nicht getötet worden.
*kawa*komi*hve*, sie sind nicht getötet worden.

II. *kai*komi*hve*
III. *kazi*komi*hve*
IV. *kaya*komi*hve* } sie sind nicht
V. *kavi*komi*hve*   } getötet worden.
VI. *kazi*komi*hve*
VII. *kaha*komi*hve*

I. Futurum.

Sing. *ni*takomwa, ich werde getötet werden.
*u*takomwa, du wirst getötet werden.
*a*takomwa, er (sie, es) wird getötet werden.

II. *u*takomwa
III. *i*takomwa
IV. *ji*takomwa
V. *chi*takomwa } er (sie, es)
*ka*takomwa   } wird getötet
VI. *lu*takomwa } werden.
*u*takomwa
VII. *ha*takomwa
VIII. *ku*takomwa

Sing. *si*takomwa, ich werde nicht getötet werden.
*ku*takomwa, du wirst nicht getötet werden.
*ka*takomwa, er (sie, es) wird nicht getötet werden.

II. *kau*takomwa
III. *kai*takomwa
IV. *kaji*takomwa
V. *kachi*takomwa } er (sie, es) wird
*kaka*takomwa   } nicht getötet
VI. *kalu*takomwa } werden.
*kau*takomwa
VII. *kaha*takomwa
VIII. *kaku*takomwa

Plur. *ti*takomwa, wir werden getötet werden.
*m*takomwa, ihr werdet getötet werden.
*wa*takomwa, sie werden getötet werden.

II. *i*takomwa
III. *zi*takomwa } sie werden
IV. *ya*takomwa   } getötet werden.

Plur. *kati*takomwa, wir werden nicht getötet werden.
*kam*takomwa, ihr werdet nicht getötet werden.
*kawa*takomwa, sie werden nicht getötet werden.

II. *kai*takomwa } sie werden
III. *kazi*takomwa } nicht getötet
IV. *kaya*takomwa } werden.

V. *vita*komwa ⎫
VI. *zita*komwa ⎬ sie werden
VII. *hata*komwa ⎭ getötet werden.

V. *kavita*komwa ⎫
VL *kazita*komwa ⎬ sie werden nicht
VIL *kahata*komwa ⎭ getötet werden.

II. Futurum.

Sing. *neni*komwe, ich werde getötet werden.
*neuko*mwe, du wirst getötet werden.
*nea*komwe, er (sie, es) wird getötet werden.

II. *neu*komwe ⎫
III. *nei*komwe ⎪
IV. *neji*komwe ⎬ er (sie, es)
V. *nechi*komwe ⎪ wird getötet
*neka*komwe ⎪ werden.
VI. *nelu*komwe ⎪
*neu*komwe ⎪
VII. *neha*komwe ⎪
VIII. *neku*komwe ⎭

Plur. *neti*komwe, wir werden getötet werden.
*nemu*komwe, ihr werdet getötet werden.
*newa*komwe, sie werden getötet werden.

II. *nei*komwe ⎫
III. *nezi*komwe ⎪
IV. *neya*komwe ⎬ sie werden
V. *nevi*komwe ⎪ getötet werden.
VI. *nezi*komwe ⎪
VII. *neha*komwe ⎭

Sing. *seni*komwe, ich werde nicht getötet werden.
*kou*komwe, du wirst nicht getötet werden.
*ka*komwe, er (sie, es) wird nicht getötet werden.

II. *kou*komwe ⎫
III. *kai*komwe ⎪
IV. *kajiji*komwe ⎬ er (sie, es) wird
V. *kachichi*komwe ⎪ nicht getötet
*kaka*komwe ⎪ werden.
VI. *kolulu*komwe ⎪
*kau*komwe ⎪
VII. *kahaha*komwe ⎪
VIII. *kakuku*komwe ⎭

Plur *katiti*komwe, wir werden nicht getötet werden.
*kamumu*komwe, ihr werdet nicht getötet werden.
*kawawa*komwe, sie werden nicht getötet werden.

II. *kai*komwe ⎫
III. *kazizi*komwe ⎪
IV. *kayaya*komwe ⎬ sie werden
V. *kavivi*komwe ⎪ nicht getötet
VI. *kazizi*komwe ⎪ werden.
VII. *kahaha*komwe ⎭

III. Futurum.

Sing. *nezeni*komwe, ich werde gewiss getötet werden.
*nezeu*komwe, du wirst gewiss getötet werden.

Sing. *sezeni*komwe, ich werde bestimmt nicht getötet werden.
*kozou*komwe, du wirst bestimmt nicht getötet werden.

*neseα*komwe, er (sie, es) wird
gewiss nicht getötet werden.

II. *nezeu*komwe } er (sie, es) wird be-
III. *nezei*komwe } stimmt getötet werden.

u. s. w. wie nenikomwe, nur dass
neze statt ne eintritt.

*kezea*komwe, er (sie, es) wird
bestimmt nicht getötet
werden.

II. *kozou*komwe } er (sie, es) wird
III. *kezei*komwe } bestimmt nicht
IV. *kezeji*komwe } getötet werden.

u. s. w. stets mit Präfixierung von
keze vor die Formen des Konjunktivs.

IV. Futurum.

Sing. *inga ni*komwe, ich werde
getötet werden.
*inga u*komwe, du wirst getötet werden.
*inga a*komwe, er (sie, es)
wird getötet werden.

II. *inga u*komwe } er (sie, es) wird
III. *inga i*komwe } getötet werden.
u. s. w.

Sing. inga nishekomwe (?)

Adverbialis.

Sing. *niki*komwa, indem ich getötet werde oder wurde.
*uki*komwa, indem du getötet wurdest.
*aki*komwa, indem er (sie,
es) getötet wurde.

II. *uki*komwa
III. *iki*komwa
IV. *jiki*komwa
V. *chiki*komwa
*kaki*komwa
VI. *luki*komwa
*uki*komwa
VII. *haki*komwa
VIII. *kuki*komwa
} indem er (sie, es)
getötet wurde.

Sing. *nikishe*komwa, indem ich
nicht getötet werde oder
wurde.
*ukishe*komwa, indem du nicht
getötet wurdest.
*akishe*komwa, indem er (sie,
es) nicht getötet wurde.

II. *ukishe*komwa
III. *ikishe*komwa
IV. *jikishe*komwa
V. *chikishe*komwa
*kakishe*komwa
VI. *lukishe*komwa
*ukishe*komwa
VII. *hakishe*komwa
VIII. *kukishe*komwa
} indem er(sie, es)
nicht
getötet wurde.

— 41 —

Plur. *tiki*komwa, indem wir getötet wurden.
*mki*komwa, indem ihr getötet wurdet.
*waki*komwa, indem sie getötet wurden.

II. *iki*komwa
III. *ziki*komwa
IV. *yaki*komwa
V. *viki*komwa
VI. *ziki*komwa
VII. *kaki*komwa
} indem sie getötet wurden.

Plur. *tikishe*komwa, indem wir nicht getötet wurden.
*mkishe*komwa, indem ihr nicht getötet wurdet.
*wakishe*komwa, indem sie nicht getötet wurden.

II. *ikishe*komwa
III. *zikishe*komwa
IV. *yakishe*komwa
V. *vikishe*komwa
VI. *zikishe*komwa
VII. *kaksihe*komwa
} indem sie nicht getötet wurden.

Konjunktiv.

Sing. *ni*komwe, ich möge getötet werden.
*u*komwe, du mögest getötet werden.
*a*komwe, er (sie, es) möge getötet werden.

II. *u*komwe
III. *i*komwe
IV. *ji*komwe
V. *chi*komwe
*ka*komwe
VI. *lu*komwe
*u*komwe
VII. *ka*komwe
VIII. *ku*komwe
} er (sie, es) möge getötet werden.

Plur. *ti*komwe, wir mögen getötet werden.
*mko*mwe, ihr mögt getötet werden
*wa*komwe, sie mögen getötet werden.

II. *i*komwe
III. *zi*komwe
IV. *ya*komwe
V. *vi*komwe
} sie mögen getötet werden.

Sing. *nishe*komwe, ich möge nicht getötet werden.
*ushe*komwe, du mögest nicht getötet werden.
*ashe*komwe, er (sie, es) möge nicht getötet werden.

II. *ushe*komwe
III. *ishe*komwe
IV. *jishe*komwe
V. *chishe*komwe
*kashe*komwe
VI. *lushe*komwe
*ushe*komwe
VII. *hashe*komwe
VIII. *kushe*komwe
} er (sie, es) möge nicht getötet werden.

Plur. tisbekomwe, wir mögen nicht getötet werden.
mshekomwe, ihr möget nicht getötet werden.
washekomwe, sie mögen nicht getötet werden.

II. *ishe*komwe
III. *zishe*komwe
IV. *yashe*komwe
V. *vishe*komwe
} sie mögen nicht getötet werden.

VI. *zi*komwe } sie mögen
VII. *ha*komwe } getötet werden.

VI. *zishe*komwe } sie mögen
VII. *hashe*komwe } nicht getötet werden.

Kontinuativer Konjunktiv.

Sing. *nika*komwe, und ich möge getötet werden.
*uka*komwe, und du mögest getötet werden.
*aka*komwe, und er (sie, es) möge getötet werden.

II. *uka*komwe }
III. *ika*komwe }
u. s. w. immer mit eingeschobenem *ka*.

fehlt. Dafür nami (und ich) nishekomwe.

Hypothetikus.

Sing. anga nizakomwa, ich wäre getötet worden.
anga uzakomwa, du würest getötet worden.
anga azakomwa, er wäre getötet worden.
u. s. w. vergl. § 93.

Sing. anga sikomilwe, ich wäre nicht getötet worden. (? ?)

Das „Nochnicht"-Tempus.

Sing. nishezati nikomwe, ich werde noch nicht getötet, ehe ich getötet werde.
ushezati ukomwe, du wirst noch nicht getötet, ehe du getötet wirst.
ashezati akomwe, er (sie, es) wird noch nicht getötet, ehe er (sie, es) getötet wird.
u. s. w.

Das Zeitwort kuwa, sein.

100. Das Zeitwort kuwa zeigt in einigen Formen Unregelmässigkeiten:

a) Die nakunda- und die sikunda-Form sind ungebräuchlich; sie werden ersetzt durch das unveränderliche ni (verneint: so), z. B. imi ni mkala, ich bin ein Jäger; ishwi so wadala, wir sind nicht alt. Statt dessen können auch die verbundenen persönlichen Fürwörter eintreten, die hier ausnahmsweise allein stehen: ti wadala (wir sind alt), ti bule (wir sind nackt); verneint: kati wadala, kati bule (vergl. 96). Das Präsens kann aber auch ganz unausgedrückt bleiben.

Mit -ke verbunden bedeuten die verbundenen persönlichen Fürwörter „noch sein", z. B. uke mbwanga, du bist noch ein Jüngling; wake mesho, sie sind noch wach.

b) Das Imperfekt ist: neni, neu, nea etc., neti, nem, newa etc., bei Steere findet sich nei oder neni (?), unveränderlich für alle Personen, wie ni für das Präsens. Die verneinte Form ist neishi.

c) Das Perfekt fehlt, dafür wird das Imperfekt gebraucht.

d) Das Futurum lautet naniwe (regelmässig). Das Negativum würde seniwe lauten.

e) Der Konjunktiv ist: niwe und verneint nishewe oder nishezawe.

uwe und mwe dienen gleichzeitig als Ersatz des fehlenden Imperativs.

f) Die Formen nikiwa und nikishewa sind nicht belegt, werden aber wohl vorkommen.

g) In Relativsätzen wird kuwa vertreten durch nili, ich bin, uli, ali etc., tuli, mli, wali etc., z. B. niliye, der ich bin. Dafür können aber auch einfach die Relativa der zweiten Reihe (mwe etc.) eintreten, die das Verbum „sein" einschliessen, z. B. muntu mwe na nyavu, der Mann, welcher mit Netzen ist. Verneint: nishi (oder nishe), ushi, ashi etc.; tishi, mshi, washi (vergl. 120).

h) Bedeutet „sein" so viel wie „dasein, existieren", so muss es im Ki-Shambala stets mit aho, uko oder umo verbunden sein, z. B. kawaho (statt kawa aho), sie sind nicht da.

i) Mit folgendem na (mit) ersetzt kuwa das deutsche „haben": nina, ich habe; sina, ich habe nicht; naniwe na, ich werde haben; nei na, er hatte etc.

Zu merken ist die Verbindung kuna, verneint: kakuna, es (eigentlich der Ort) hat = es giebt. z. B. lelo kakuua peho, heute giebt es keinen Wind (ist es windstill).

Abgeleitete Zeitwörter.

101. Im Ki-Shambala finden sich die gewöhnlichen Klassen der abgeleiteten Zeitwörter der Bantusprachen, z. B.
102. kausative mit der Endung -sha, seltener -za, z. B. -kemisha, ertönen lassen, von -kema, ertönen.

Anm. Verba auf -ka verwandeln dies in sha.

103. neutrale mit der Endung -ka, z. B. -banika, verderben (intr.), von -bana, verderben (tr.).
104. reziproke mit der Endung -na, z. B. -tegulana, einander heiraten, von -tegula, heiraten.
105. objektive mit der Endung -(i)la oder -(e)la.[1])

Diese Endung macht ein transitives Verbum doppelt transitiv, befähigt es, zwei Objekte im Accusativ zu sich zu nehmen, wovon das eine unserem direkten Objekt entspricht, das andere eine Person oder Sache ausdrückt, die irgendwie an der am direkten Objekte vollzogenen Handlung interessiert ist. Oft entspricht dieses zweite Objekt daher im Deutschen einem Dativ (commodi oder incommodi), ebenso oft einer durch eine Präposition (für, wegen, statt) ausgedrückten entfernteren Beziehung, z. B. nitakoma mbuzi, ich werde eine Ziege schlachten; aber: nitam*k*omela mbuzi, ich werde ihm eine Ziege schlachten.

Intransitive Zeitwörter werden durch die Endung -la gewöhnlich transitiv, z. B. -bula, ankommen: -bwila (statt -bulila) erreichen.

Anm. Die Endung ela wählt man, wenn die vorausgehende Silbe ein o oder e enthält, sonst -ila. z. B. -komela, aber -lukila.

B. Syntaktisches.

106. Obwohl die Person des Zeitworts durch die Personalpräfixe hinreichend gekennzeichnet ist, können dennoch auch die selbständigen persönlichen Fürwörter ausdrücklich hinzugesetzt werden: imi nakunda (ich liebe).
107. Andrerseits dürfen die Personalpräfixe nie fortgelassen werden, auch wenn das Subjekt bereits durch ein Hauptwort aus-

---

[1]) Ein vorausgehendes l fällt oft aus, z. B. goshoela statt gosholela von -goshola.

gedrückt ist: muntu aiza, der Mann kommt (eigentlich: der Mann, er kommt).

108. Bei der dritten Person ist stets zu beachten, dass das Personalpräfix entsprechend der Klasse des Hauptworts gewählt wird, auf welches es sich bezieht, z. B.

muntu aiza, der Mann kommt.
wantu waiza, die Männer kommen.
lugole luadwika, der Strick reisst.
ngole zadwika, die Stricke reissen.

109. Regiert ein Zeitwort ein durch ein persönliches Fürwort ausgedrücktes direktes oder indirektes Objekt, so wird letzteres durch den Objektskasus der verbundenen Fürwörter gegeben, der der betreffenden Verbalform in der Weise einverleibt wird, dass er stets unmittelbar vor den Verbalstamm und hinter alle andern Präfixe kommt, z. B.

nakunda, ich liebe;	nakukunda, ich liebe dich.
nizakunda, ich liebte;	nizakukunda, ich liebte dich.
nitakunda, ich werde lieben;	nitakukunda, ich werde dich lieben.
kukunda, lieben;	kukukunda, dich (zu) lieben.
kunda, liebe!	nikunda, liebe mich!
kakunda, und liebe!	kanikunda, und liebe mich!

Anm. Der Accusativ ha (von Wb. öfters he geschrieben) findet sich in der Bedeutung „hier" oft auch bei intransitiven Verben, z. B. ahegelemka (kommt er hier herauf), mazi yahalawa (hier kommt Wasser heraus).

110. Ist das Objekt durch ein hinweisendes Fürwort ausgedrückt, so muss gleichzeitig mit dem Zeitwort das entsprechende persönliche Fürwort im Accusativ verbunden sein, z. B. simwene uyu, ich habe diesen nicht gesehen.

Die nachfolgende Tabelle, die nach dem sinnreichen Muster für das Suaheli in St. Pauls Handbuch dieser Sprache angeordnet ist zeigt alle möglichen Formen:

— 46 —

Zeitpräfix		Subjektpräfix		Zeitpräfix	
		I. Affirmativ.			
		Singular:	Plural:		
1.	—	1. Pers. ni-, n-·	ti-(tu-), t-(tw-)	1. Präsens	I. —
2.	—	2. Pers. u-, w-	m-(mu-), mw-	2.	II. -a-
3.	—	I. Kl. a-, —	wa-, —	3. Imperf.	I. -za-
4.	ne-	II. Kl. u-, w-	i-, y-	4.	II. -za-
5.	ne-	III. Kl. i-, y-	zi-, z-	5.	III. -ki-
6.	—	IV. Kl. ji-, j-	ya-, —	6.	IV. -ke-
7.	—	3. Pers. V. Kl. chi-, ch-	vi-, vy-	7. Futur	I. -tu-
8.	ne-	ka-, —.		8.	II. —
9.	neze-	VI. Kl. lu-, lw-	zi-, z-	9.	III. —
10.	inga	u-, w-		10.	IV. —
11.	—	VII. Kl. ha-, —	ha-, —	11. Adverb.	-ki-
12.	anga	VIII. Kl. ku-, kw-		12. Hypoth.	-za-
13.	—			13. Perfekt	—
14.	—			14. Konj.	—
15.	—			15. kont. Konj.	-ka-
16.	—			16. Imperat.	—
17.	—			17. kont. Imp.	-ka-
18.	—			18. Präs. in Relativ-	
		II. Negativ.		sätzen	-she-
		A. Mit den obigen Subjektpräfixen affirmativer Zeiten u. infigierter Negativpartikel.			
19.	—			19. Adverb.	-kishe-
20.	—			20. Konj.	-she-
21.	—			21. Präs.	—
		B. Mit folgenden negativen Subjektpräfixen:			
		Singular:	Plural:		
22.	—	1. Pers. si-	kati- (katu-)	22. Fut. I.	-ta-
23.	—	2. Pers. ku-	kam-, kamw-	23. Perf.	—
		I. Kl. ka-	kawa-		
		II. Kl. kau-	kai-		
		III. Kl. kui-	kazi-		
		3. Pers. IV. Kl. kaji-	kaya-		
		V. Kl. kachi- kaka-	kavi-		
		VI. Kl. kalu- kau-	kazi-		
		VII. Kl. kaba-	kuha-		
		VIII. Kl. kaku-			
		C. Mit den Subjektpräfixen affirmativer Zeiten und vorautgehenden negat. Subjektpräfixen.			

24. { 1. Pers. se- / 2. Pers. ko- / 3. Pers. I. ka- / Im übrigen wie hiereben unter B. }

25. { 1. Pers. sese- / 2. Pers. kozo-, in / alle übrigen Formen kese- uisbesati. }

26. { abgewandelt wie nishesakomo. }

24. } Futur II.

25. } Futur III.

26. } Nochnicht-Tempus.

	Objektpräfix.		Verbalstamm.

-koma. (1—12.)

-komile. (13.)
-kome. (14, 15.)
-koma(i) oder -kome(i). (16, 17.)
-koma. (18, 19.)

-kome. (20.)

		Singular:		Plural:	
1. Pers.		-ni-,	-n-	-ti-(tu-)	—
2. Pers.		-ku-,	-kw-	-mi-	—
3. Pers.	I. Kl.	-m-(mu)-,	-mw-	-wa-	—
	II. Kl.	-u-,	-w-	-i-,	-y-
	III. Kl.	-i-,	-y-	-zi-,	—
	IV. Kl.	-ji-,	—	-ya-,	—
	V. Kl.	-chi-,	—	-vi-,	—
		-ka-,	—		
	VI. Kl.	-lu-, -u-,	-lw- -w-.	-zi-,	—
	VII. Kl.	-ha-,	—	-ha-,	—
	VIII. Kl.	-ku-,	-kw-		

-koma. (21, 22.)
-komile. (23.)

-kome. (24—26.)

Das Verbum in Verbindung mit bezüglichen Fürwörtern.

111. Mit der Relativreihe 63 wird das Verbum immer in der Stammform auf a verbunden[1]), z. B.

*n*egoshola, der ich thue. tegoshola, die wir thun.
*u*egoshola, der du thust. mwegoshola, die ihr thut.
*(mw)e*goshola, welcher thut. wegoshola, welche thun.
etc. etc.

Anm. 1. Diese Form ist in ihrer Bedeutung nicht auf eine bestimmte Zeit beschränkt, kann daher auch für die Vergangenheit und Zukunft eintreten.

Anm. 2. Anlautendes i fliesst mit dem schliessenden e der Fürwörter in e zusammen, z. B. ētangwa (= e-itangwa), welcher genannt wird.

Anm. 3. Diese Relativreihe kann nur verwendet werden, wenn das Relativum Satzsubjekt ist.

Anm. 4. Um die Verneinung auszudrücken, wird zwischen Verbalstamm und Fürwort noch she (nicht) gesetzt, z. B. neshegoshola, der ich nicht thue.

112. Die zweite Reihe der Relativa (62) wird dem Zeitworte entweder **angehängt** oder **eingefügt**.

113. Angehängt werden können die Relative nur den Verbalformen: *nikunda* und *nikundile*, (sowie im Passiv: nikundwa und nikundilwe)[2]). Hierbei sind drei Fälle zu unterscheiden:

a) Das Relativum steht im **Subjektskasus**.
b) „ „ „ „ **Objektskasus**.
c) „ „ **wird von einer Präposition regiert**.

114. Steht das Relativfürwort im **Nominativ**, so treten Besonderheiten nicht ein, z. B.

Singular:
I. nikundaye, ich, der ich liebe.
 ukundaye, du, der du liebst.
 akundaye, er (sie, es), der liebt.
II. moto wakao, das Feuer, welches brennt.
III. mbuzi ikemileyo, die Ziege, welche gemeckert hat.
IV. tuni jishengajo, das Messer, welches schneidet.
V. chala chilumacho, der Finger, welcher schmerzt.
VI. lugole ludwikalo, der Strick, welcher reisst.

---

[1]) Wie es scheint auch der Stammform auf *e*, falls in dem Relativsatz eine Absicht ausgedrückt ist, z. B. londa muntu mwo-mw-ambizo, suche jemanden, der ihm helfe. [2]) Ebenso natürlich dem Verbum -inga (-unga), welches zur Bildung des Futurums dient, z. B. wantu mungao mwone, die Leute, die ihr sehen werdet.

Plural:
I. tikundao, wir, die wir lieben.
mkundao, ihr, die ihr liebt.
wakundao, sie, die lieben.
II. miti ishengwayo, die Bäume, welche gefällt werden.
III. mbuzi zikemilezo, die Ziegen, die gemeckert haben.
IV. matuni yashengayo, die Messer, welche schneiden.
V. vyala vilumavyo, die Finger, welche schmerzen.
VI. ngole zidwikazo, die Stricke, welche reissen.

Natürlich kann von dem Zeitwort gleichzeitig ein persönliches Fürwort im Objektskasus abhängig sein, das dann wie gewöhnlich unmittelbar vor den Verbalstamm tritt, z. B.
ni*k*ukundaye, ich, der ich dich liebe.

115. Steht das Relativum im Objektskasus, so tritt zur Kennzeichnung dessen ausser dem Relativum der Objektskasus des entsprechenden (verbundenen) persönlichen Fürworts zum Verbum, z. B.
muntu ni*m*kundaye, der Mann, welchen ich liebe.
mbuzi u*z*iguliles*o*, die Ziegen, welche du gekauft hast.

Nicht selten bleibt das persönliche Fürwort indessen fort, wenn, wie im letzten Beispiel, eine Zweideutigkeit ausgeschlossen ist.

116. Ist das Relativum von einer Präposition abhängig, so tritt folgende Konstruktion ein: Das Relativum wird dem Zeitwort wie gewöhnlich angehängt und dann durch ein entsprechendes hinweisendes Fürwort wieder aufgenommen, das dann in Abhängigkeit von der betreffenden Präposition treten muss, z. B. die Männer, mit denen ich gesprochen habe: wantu nilongeleo nao (= die Männer, die ich gesprochen habe mit ihnen[1]); wantu niekalao gatigati yawe, die Leute, in deren Mitte ich wohne.

117. Die bezüglichen Fürwörter der Reihe 62 können indessen der Verbalform auch eingefügt werden. In diesem Falle treten sie unmittelbar hinter die Personalpräfixe, z. B. vyoshe a*vyo*migambila, alles, was er auch sagt.

Doch scheinen nicht alle Verbalformen mit eingefügtem Relativpronomen gebraucht werden zu können, vielmehr ist dies auf folgende Tempora beschränkt:
a) die Präsentia: *nikunda* und *nakunda*,
b) das Imperfekt: *nizakunda*,

---
[1] Vergl. arabisch: errigàl *elli* itkallimt *ma'ahum*.

c) das Futurum: *nitakunda*,
d) die Negativform: *nishekunda*,
die einzige, die in Relativsätzen überhaupt vorkommt und die für alle Tempora steht.

118. Der Objektskasus des eingefügten Relativums wird ebenso bezeichnet wie der des angehängten:

muntu nishi*yemw*ona, der Mann, den ich nicht sah.

Ist das eingefügte Relativum von einer Präposition abhängig, so tritt gleichfalls die Konstruktion sub 116 ein, z. B.

wantu uzaolonga nao, die Leute, mit denen du sprachst.

119. Die Relativa ho, ko, mo werden als relative Ortsadverbien (ho auch als Zeitadverb) gebraucht: ho = wo, als, wenn (= wann); ko = wo, wohin, woher; mo = worin, z. B.

unionyeshe akinileho, zeige mir, wo sie abgestürzt ist.
unigambile unu muto ulawako, sage mir, woher dieser Fluss kommt.
unionyeshe nyumba aekalamo, zeige mir das Haus, worin er wohnt.

120. Besonders zu beachten ist das Verbum „sein" in Verbindung mit bezüglichen Fürwörtern:

a) Statt sämtlicher positiver Tempora steht in Relativsätzen entweder die Relativreihe unter 63, die das Verbum „sein" einschliesst, oder seltener die Form nili (ich bin), uli, ali etc., tili, mli, wali etc., z. B. niliye (der ich bin), uliye (der du bist), aliye (welcher ist) u. s. w.

b) sämtliche negative Tempora werden vertreten durch die Relativreihe 63 mit folgendem she oder durch nishi, ushi, ashi etc., z. B. nishiye (der ich nicht bin), ushiye (der du nicht bist), tishio (die wir nicht sind) u. s. w.

121. Hängt das Relativum von kuwa na (haben) ab, so wird folgende Wendung gebraucht:

tuni ni*jo* nana*jo*[1]), das Messer, welches ich habe.
tuni u*jo* nana*jo*, das Messer, welches du hast.
tuni a*jo* nana*jo*, das Messer, welches er hat.

---

122. Sehr zu beachten ist die passive Konstruktion der objektiven Zeitwörter, die sehr beliebt ist. Der aktive Satz: „man bringe euch Wasser" kann in Ki-Shambala durch wantu wamiletele mazi gegeben werden, lieber wird aber passive Wendung gewählt. Diese letztere unterscheidet sich vom Deutschen dadurch, dass sowohl das

---
[1]) Berichtige danach Zeitschr. f. A. Spr. p. 60, 9.

indirekte wie das direkte Objekt in den Nominativ treten. Während im Deutschen das indirekte Objekt im Dativ stehen bleibt (Es werde euch Wasser gebracht), wird es im Ki-Shambala zum Subjekt gemacht: mletelwe mazi (wörtlich: ihr mögt Wasser gebracht werden). Ähnlich sind z. B. nafilwa mwana (mein Sohn stirbt mir), avyailwa mwana (es wird ihm ein Sohn geboren) u. s. w.

V. Die Zahlwörter.

123. Die Zahlwörter sind 1. -ngwe (oder -mwe); 2. wili; 3. -tatu; 4. -ne; 5. -shano; 6. mtendatu; 7. mfungate; 8. mnane; 9. kenda; 10. kumi.

Sie folgen dem Hauptwort nach, dabei werden die Zahlen von 1—5 als Adjektive behandelt, d. h. also, sie nehmen die Klassenpräfixe der Hauptwörter an, auf die sie sich beziehen. Da hierbei einige kleine Unregelmässigkeiten vorkommen, so führen wir die sämtlichen Formen hier auf.

		1.	2.	3.	4.	5.
I.	mungwe, mumwe		waili	watatu	wane	washano
II.	mungwe, mumwe		mi(i)li	mitatu	mine	mishano
III.	ingwe, imwe		mbili	ntatu	nne	shano
IV.	(j)ingwe, (j)imwe		maili	matatu	mane	mashano
V.	kingwe, kangwe, kimwe, kamwe		viwili	vitatu	vine	vishano
VI.	lungwe, lumwe		mbili	ntatu	nne	shano
VII.	hangwe, hamwe		haili	hatatu	hane	hashano
VIII.	kungwe, kumwe		—	—	—	—

124. Beim Zählen bedient man sich folgender Zahlformen: 1. bosi oder mwenga, 2. kaili, 3. katatu, 4. kane, 5. kashano, 6. mtendatu, 7. mfungate, 8. mnane, 9. kenda, 10. kumi.

125. Die Zehner lauten: 20 milongo mili; 30 milongo mitatu; 40 milongo mine; 50 milongo mishano; 60 milongo mitendatu; 70 milongo mfungate; 80 milongo mnane; 90 milongo kenda. 100 ist gana, Pl. magana; 1000 kulija, Pl. makulija.

126. Die Einer werden den Zehnern und die Zehner den Hunderten durch na (und) angereiht; auch in zusammengesetzten Zahlen werden die Zahlen von 1—6 flektiert.

127. Besondere Ordnungszahlen giebt es nicht; sie werden durch den Genitiv der Grundzahlen in der Form, wie sie zu Hauptwörtern der III. Kl. treten, ersetzt. „Der erste" heisst -a bosi oder -a mwenga, auch -a kwandila; der zweite -a mbili; und weiter: -a ntatu, -a nne. -a shano, -a mtendatu, -a mfungate u. s. w.

128. Multiplicativa werden aus den Grundzahlen durch das Präfix *ka* gebildet:

kangwe, einmal,
kambili, zweimal,
kantatu, dreimal,
kanne, viermal,

kashano, fünfmal,
kamtendatu, sechsmal,
kamfungate, siebenmal,
kammane, achtmal,

u. s. w.

VI. Adverbien.

129. Nur wenige Adverbien scheinen ursprünglich zu sein, wie: du, nur; ndai, darin u. s. w.
Die meisten sind mit Hilfe der Demonstrativpronomina gebildet, teils sind es auch Substantive im Accusativ oder Lokativ. Die wichtigsten sind:

130. Adverbien des Orts:

aha, hanu } hier[1]),
uku, kunu }
aho, uko, kuno, hier,
umo, mumo, hierin, darin,
haja, kuja, dort,
muja, darin,
hahi, kuhi, wo?
muhi, wo, worin?
-hi (dem Verbum angehängt), wo?
woher? wohin?
nahi, wohin? woher?
na kuhi, wohin? woher?
-ho, -ko, wo (relativ), wohin, woher,
-mo, worin, wo,
ndai } drin, hinein,
umo ndai }

nase }
chongoi } aussen, draussen, hinaus,
hese }
ulanga, oben,
na ulanga, hinauf,
hashi, unter,
nashi, herunter, hinunter,
kunushi, hier unten,
mazu, daneben,
mazui, vorn, davor,
hehi, nahe,
hale, fern, weit,
koshe, überall,
koshe — -ko, überall wo,
nyuma, hinten, zurück.

---

[1]) Auf die Frage wohin? oder woher? tritt davor meist noch na.

131. **Adverbien der Zeit:**

lushe, jetzt,
ivilushe, soeben,
vyalushe, alsbald, sogleich,
lelo, heute,
keroi, morgen,
kucha makero, morgen früh, am andern Morgen,
kishindo, übermorgen,
gulo, gestern,
zuzi, vorgestern,
aho kale, einstmals, früher,

aho du) plötzlich,
ivi du)
ini, wann?
nguzu, bald, schnell,
katuhu)
kangi } wieder, noch einmal,
vingi)
kaili naho, wieder,
naho, noch,
-ke, noch,
-zati, noch nicht.

132. **Adverbien der Bejahung und Verneinung:**

ehe   ) ja!
ndivyo)
ndidi, sicherlich!
eéheni, ist es so? nicht wahr?

so (sho)) nein,
sivyo   )
kweli, wirklich, wahrhaftig.

133. **Adverbien der Art und Weise:**

zeze, wie?
-ze (dem Verbum angehängt), wie?
vivihi, wie?
sa (relativ), wie,
ndivyo — -vyo, so — wie[1]),
palahole, langsam, leise[2]),
nguzunguzu, schnell, eilends[3]),
njama, heimlich, insgeheim,
kangwe, zusammen,

vivyo, vivyoho) so,
iviho   )
nini[4]), kwai, warum?
vyedi, vitana, gut,
vibada, schlecht,
hangi, vielleicht,
du, nur,
ike, ike du, allein,
kabisa, muno, sehr.

VII. Präpositionen.

134. Das Ki-Shambala ist arm an eigentlichen Präpositionen. Als solche können nur gelten:

---

[1]) Z. B. ndivyo agosholevyo, wie er gethan hat.
[2]) „Laut" ist kwa miloshi mikulu.
[3]) Häufig durch das Verbum kufika (eilen) mit folgendem Infinitiv ohne ku- übersetzt, z. B. fika inuka, steh schnell auf!
[4]) Immer am Ende des Satzes und mit dem nikikunda-Tempus verbunden.

mwe, in, an; aus, von,
ha (oder he), an, bei,
ku, kwe, nach ... hin,

na, mit (Begleitung); nach... hin,
kwa, mit (Instrument),
ni, von (beim Passiv).

Die Präposition na tritt häufig vor mwe, ha und ku, wenn diese auf die Frage „wohin?" (oder woher?) stehen. Merke auch na kilo, nachts.

135. Die Richtung nach einem Gegenstande hin und von einem Gegenstande her wird im Ki-Shambala nicht durch die Präposition, sondern durch das Zeitwort unterschieden; na mwe heisst „in... hinein" und „aus... heraus". Was im einzelnen Falle gemeint ist, wird durch das verwendete Verbum klar; in Verbindung mit kulawa z. B., das immer „herauskommen von" bedeutet, kann nur die zweite Bedeutung Platz greifen.

136. Andere deutsche Präpositionen werden umschrieben, z. B.:

hashi ya (ha) ⎱ unter,
ishi ya ⎰
ulanga ya, über,
gati ya, zwischen,
gatigati ya, inmitten,
kwa mbuli ya, wegen,
sheja ha, jenseits,
hehi ya (od. na), nahe bei,

hantu ha, statt,
hangwe na, zusammen mit,
kana (er hat nicht =) ohne,
nyumai ya, hinter,
mambela na ⎱ vor,
kulongoze kwa ⎰
kandai kwa, entlang, um .. herum.
kundakanda ya, längs.

VIII. Konjunktionen.

137. Im allgemeinen liebt das Ki-Shambala die Beiordnung mehr als die Unterordnung. Auch die Beiordnung geschieht meist ohne Konjunktionen, event. treten na (und), miu (aber) oder die anknüpfenden Verbalformen (kakunda, nikakunde, nanikakunde) ein. „Oder" ist o, in der Doppelfrage hambu.

138. Für die Unterordnung genügen im allgemeinen die blossen Modi nikunde und nikikunda nebst ihren Negativen nishekunde und nikishekunda, und zwar schliesst

a) nikunde die Konjunktionen „damit, dass" (in Absichtssätzen) ein, ferner
b) nishekunde: „damit nicht, ohne dass",
c) nikikunda und nikishekunda: „indem, da, weil, als, wenn, obgleich."

Um die temporale Konjunktion „als" auszudrücken, setzt man

aho kale zum nikikunda-Tempus oder gebraucht die Formen unter 90c. Anm. Will man die Konjunktionen besonders ausdrücken, so gebraucht man

kangwe, damit, hambu   ⎱ weil,
kangi, obschon, nikwakuti ⎰
kuti, dass[1]),   (m)paka, hatta, bis,
         ivyo — -vyo[2]), da, weil.

„Wenn" ist *ati* mit dem Präsens oder dem Imperfektum (vergl. über die Tempora in irrealen Bedingungssätzen 93). Ausser in irrealen Bedingungssätzen kann dafür einfach das nikikunda-Tempus eintreten.

---

[1]) Nach Verben des Sagens und Denkens.
[2]) -vyo wird als Relativum dem Verbum angehängt.

Ki-Shambala-Texte

mit deutscher Übersetzung.

A. Einzelne Sätze.

1.
(Vergl. dazu §§ 9, 32, 76, 100i).

Nina kilatu. Una fumu? Ana uta. Tina sala. Mna kilu? Wana usisiza. Mganga ana mzigi. Mshilagi ana mivuo. Muvyele ana hagilo. Una lushazi? Zumbe ana fumu na uta. Tate ana maya. Tuna gari. Wana gana. Ngombe ana mavea (s. vea). Nina kizungu. Ana kilema.

2.
(Vergl. § 11—14, 20—21).

Nina vilatu. Waganga wana mzigi. Washilagi wana mivuo. Wavyele wana hagilo. Muntu ana mikono miili (zwei). Watafi wana mizigo. Wabogo wana mavea (s. vea). Wabolushi wana mabundu (s. bundu). Muntu ana milundi miili (zwei). Awa (diese) wantu wana viboi. Wavyele wana vidanga. Tuna vilatu. Wankondo wana vilonda vingi (viele).

3.
(Vergl. §§ 38, 39, 43, 44, 74—78, 85.)

Nakunda vilatu vitana. Mganga ana mzigi mtana. Watafi wainula mizigo mikulu. Takela inu (diese) miti mile. Wataida uya (diesen) mganga mgeni? Taolela muto mzangalamu. Mna walugojo wavizu. Wanyau wagwila ngoshwe. Ivi (diese) vyombo vina milingoti mile. Wabogo wana mikila mile. Mwakunda vikombe vituhu? Mkale akoma wabogo waugi. Mlugojo aigula nkande na pombe.

4.
(Vergl. §§ 53 und 79).

Ngombe ina mavea. Nyani zina mikila mile. Chombo china milingoti mile. Letai mgati na mabongo! Mshumba anyilika nguzunguzu. Lelo zua jaaka muno. Makerokero zogolo jalila. Leta nkande! Sasai nkuni. Ashai moto! Gosholai wivano na wankulu Mosie, londa tuui jangu (mein)! Lugushai wageni!

5.
(Vergl. § 123.)

Nina vilatu viwili. Chombo china mlingoti mungwe. Letai migati mishano. Muntu ana mikono miili na mkono mungwe una vyala vishano. Kuli ana milundi mine. Nyani zina mikono miili na milundi miili. Tuna watafi milongo mili na watatu. Wana walugojo wane.

6.
(Vergl. § 86.)

Watafi wazabula ini? Watafi wazabula gulo. Washumba wazazenga nyumba. Mkale azaleta maunde. Washumba wawili wazanyilika. Watafi wazaasha moto. Tizasasa nkuni mwitui (§ 30). Mbolushi azatoa washumba wavizu. Mganga azahonya mwanangu (mein Kind). Tizagula tuni jedi (gutes, § 41) Tangai (§ 30). Mwalonga Kishambala? Mlugojo azaleta mutonte.

7.
(Vergl. §§ 87, 90a, 92.)

Wabolushi watabula (newabule, inga wabule) ini? Utaleta nkande ini? Nenitaide lelo. Mganga atahonya muntu mtamu. Nitazenga (nenizenge, inga nizenge) nyumba. Washumba wataasha moto. Wakale newalete maunde mangi (viel). Zua nejiake muno lelo. Inga tigule matuni (vergl. tuni) Tangai (§ 30). Titabula ini?

8.
(Vergl. §§ 35, 36 und 45b.)

Zumbe azatoa mshumba wa Mbolushi. Vilatu vya wavyele ni (sind) vitana muno. Walugojo wa Mbolushi walonga kishambala na kibolushi (arabisch). Mizigo ya watafi izazoma muno. Mlingoti wa chombo icho (dieses) mule muno.

9.
(Vergl. §§ 9, 51, 53, 105, 109.)

Mganga azaninka mzigi. Mutwi waniluma. Utagula gwiloi ni mbwai? Nenigule mabongo na matagi (vergl. tagi) na uki wa nyoki na vintu vituhu vingi. Mganga azamuhonya muvyele mtamu. Utavigula vilatu ivyo (diese)? Nenivigule. Mufi uzamlasha zumbe mkono wake (seine). Nitakunka (= nitakuinka) nkande. Titamikomela mbuzi. Azanigambila: mosie, nitongela!

10.
(Vergl. §§ 55—57, 68.)

Leta vilatu vyangu! Walugojo weshu ni (sind) wavizu muno. Dalu jangu jina milingoti mitatu. Kidanga changu chi kuhi (§ 100)? Londai mkazangu! Tate azanigambila mwanangu, nyokwe nezeafe. Vyala vyangu vyaniluma muno. Zumbe azamshunga mikono yakwe. Wauolela uja (jenen) muti? Muzi wao mdodo muno, una nyumba mbili ntatu du.

11.
(Vergl. §§ 75c, 81, 84.)

Washumba weshu wanyilike. Nimwinkile nkande na mazi. Isho afile gulo. Umwene tate? Nimlondile hantu hoshe, simtaida (ich weiss ihn nicht) aliho (wo er ist). Mlumangu ajile nkande zoshe (alle) zilizo (welche war) nyumbai. Mbogo mkali amkomile mbuyangu.

12.
(Vergl. §§ 58, 61, 69, 70, 71.)

Uyu muntu ni ndugu wangu. Wankulu newawangoshe wankondo weshu. Yuja muntu alouga kiswaheli? Sivyo, alonga kishambala du. Ichi chombo china milingoti mingahi? Gua fumu iji kanitongela (§ 91). Ninka via vilatu! Awa Wabolushi wabulile kugula (§ 80) nkande.

13.
(Vergl. §§ 96, 97a, 100.)

Sina gana. Ijo zogolo kajikema. Kuolela shambi ijo? Siolela kintu. Waitaida nyama iyo? Siitaida. Kadaha longa. Sidaha kutalu shalu (vergl. lushalu) izi, ni nyingi nyingi (§ 39, Anm. 1). Vilatu ivi kavinitamila, vikulu muno, sidaha kuvizwala. Viko vyeshu vizaaga, katuviona. Ngombe kadaha huna gari, jizazoma muno.

14.
(Vergl. §§ 82, 97 b und c, 24, 25, 41.)

Nikunda kuhita kwe gwilo. Wantu wadala wakunda nyama kuzinka makapala. Utaida kulonga kishambala? Sikihinyile kulonga kishambala. Sezeniwaleke awa wantu waingile na mwe nyumba yeshu. Ali kahite nami. Katimwene muntu silai. Kuivile agambilevyo? Siivile mbuli. Katitagula vilatu ivi, vizatoga kabisa. Watafi kawabulile lelo. Sezenikunke (= ku-inke) kintu, ukishenigambila ahitileko.

15.
(Vergl. §§ 111—119.)

Unionyeshe kilondi chekuluma. Uzavigula kuhi vilatu uzavyonionyesha gulo? Uyo muntu, nisheyemtaida zina jakwe, atauya keroi. Akugambilee ayo ni ndai? Azishuntilee shuke zangu ni ndai? Kuna muntu alongaye kishambala? Muti tishengileo neuzaola kabisa. Netiwagwile vingi mbogo zenyilika. Mizigo watafi waigalayo izazoma. Titakoma kila muntu auzinkeye muhaka. Iwe, umtaidaye, utanigambila mbuli zakwe kweli ao ulongo. Nizajala unigambileyo.

16.
(Vergl. §§ 15, 16.)

Mshumba kashuntile shuke zangu. Nange izi ni nkulu kabisa. Uzaigula kuhi ngahu inu? Ndea ni nyama nkulu ye na shingo jile muno. Ngoto zeshu zizagimbala kabisa. Nitaikoma ndama inu. Uyu munyau azagwila ngoshwe zoshe zilimo mwe nyumba yeshu. Nyoki zagoshola uki. Inu nyundo ni ya ndai? Nyumba ihi, mgulileyo? Inu ngao izazoma kabisa, sidaha kuiigala. Shuke zako zizakandana, yakuagiza kuzishunta. Ushungu lunu kaluzikoma silafu.

17.
(Vergl. §§ 17—19.)

Shikilo jihi jikulumajo? Uo muto una makono maili. Tishenge matambi ya muti uja! Ulawe ukaynashe mazelu aya! Muntu ana magego makumi maili. Matonte aya yazaizwa. Mabongo aya ni mawishi? Iji tagi jizaola. Mazuvya aya yazanona kuzinka yaja. Pundu jihi ukundajo kutaga ya mapunda uya? Mbuguni ni dege kulu muno mwe na mawawa maili sa ndege ntuhu, mia kadaha kupoulika, hambu mwili wakwe uzazoma kabisa. Matunda ya uo muti ni makulu kuzinka matunda yoshe. Kuna mavulu mangi mwe muto uo. Ndea ana shingo jile muno. Mna makuli mangahi?

18.
(Vergl. § 105.)

Unizuguile luvi. Kibamba chako chizanibwila. Uzanilondela tuni jangu? Nitakukomela mbuzi. Unigoshoele vilatu. Tizamiokela tili ja nyama. Nizawazengela wantu nyumba. Simgoshoele uja muntu vibada. Unigambile vyoshe utaidavyo. Aniletelee kibamba ichi ni ndai?

19.
(Vergl. §§ 81, 83, 97e.)

Umgambile mdisi adike nkande tije, tina sala. Tihite zeshu! Uninke mazi ninywe. Unilekele. nigosholevyo vyoshe. Tigosholei? Unigambile zina jako. Usheogohe! Usheteke mazi mwe kishima ichi, tishezafe, yana ushungu ukali. Uwaleke wantu awa wateke mazi wakawanyweshe ngamea zawe zebulwa ni kilu kabisa. Newaznekala kungwe miaka mingi washegombane yohena na mkaziye.

20.
(Vergl. §§ 88, 97f.)

Akigwila fumu, nitamtoa futi. Muti ukigwa hashi, uzamkoma tate. Akiniuza, wena umlandule. Akiteka mazi, azakjna mwe kishima. Watafi wakibula mnigambile. Akiniufya, nitamkoma. Wakiwa newazaangadika mwe muzi wakilombezalombeza. Wankulu wakinyilika wazayaasha mata yawe. Ukimuhonya mwanangu nenikunke vyoshe ukundavyo. Azanyilika, azafika guluka, azabwila uja muzi, akishegoloke kangwe du. Zogolo jikiwila, uniinule. Nkande zikishila, umgambile mdisi azilete tije.

21.
(Vergl. § 100 a—i.)

Miti inu mile. Muntu mdala yuja ni ndai? Zina jako ni ndai? Jshwi ti wadala, inwi m wabwanga. Isho mgima? Tate mtamu muno. Isho ake mesho? Sivyo, tate azahita kugona. Ushewe na uhuza. Mkishewa mesho, wankulu wakiiza, mtakomwa nyoshe. Ishe nei mgoli, mia mwenye ni mkiwa. Umtaida aliho? Matonte aya yake mavishi. Uyu mundele ni mwanangu.

22.
(Vergl. §§ 22, 23.)

Zogolo ana nyoya ntana kabisa. Lunu lugole kalutoga, neludwike, tikiluhuna muno. Luhawa unu luzagosholwa ni ndai? Zumbe ana lupanga lule. Azatulika mesho kwa udala wakwe.

23.
(Vergl. § 46.)

Ini sidaha kwona hale sa wonavyo iwe, mesho yako matana yazinka yangu. Nkondo ni ntano kenga sa wivano ubada. Matonte ni mahufu kuzinka matunda yoshe. Mbuli zakwe zatama zazinka woki wa nyoki. Muti uhi wetoga? Mkiwa ni ndai kutuzinka? Ukaule milima shinu, ni mikulu; uhi mkulu muno? Mzigo wangu uzazoma wazinka zako.

B. Zusammenhängende Stücke.

Buga na mbuzi.

Buga azakina mwe kishima. Kadaha kulawa. Kuzaiza mbuzi akikunda kunywa mazi. Azamwolela buga azamuza angwe: mazi aya yatama? Buga amgambila: mazi aya yatama muno, maya; imi siene mazi yetama sa mazi aya. Wikile du, utatamilwa kabisa. Mbuzi azaikila. Buga azakwela ulanga yakwe, azalumbila, azalawa, azamleka mbuzi kishimai.

Muvyele na walugojo wakwe.

Aho kale saa[1]) ishezatiigosholwe kuna muvyele mwe na zogolo. Ijo zogolo azakema kukicha makerokero. Muvyele akimwiva zogolo, azawainula walugojo wakwe wagoshole ndima. Waja walugojo wazakunda kugona kabisa, wazamuhila zogolo, wazamkoma. Muvyele kilo cha bosi akishemwiva zogolo, azagoja paka zua jizalawa. Mia akimtaida akomilwe, azawainula walugojo kila kilo, azahoinuka mwenye, hatta chikiwa kilo kikulu. Wazaona kuti ni vyedi kuleka kumkoma zogolo.

Kuli na mbavi.

Kilo chena lwiza kuzaiza mbavi na he nyumba ya zumbe abawe ntanu zakwe.

Kuli akimwolela azalilu. Zumbe azainuka azashungila kaene mbuli; azamgambila kuli, anyamale; azahita kugona.

Uja mbavi akimwolela azabulwa ni usisiza, azauya azageza kuzugula luvi aingile. Uja kuli azalila kabisa. Zumbe azainuka, uja mbavi azakifisha. Zumbe kaene mbuli, azabulwa ni maya, azamlongela kuli, azahita zakwe kugona.

Uja mbavi azauya, kuli azalila. Mia zumbe kakunda kwiva. Kucha makero azaolela kuti mbavi azaingila, azaigala vintu vingi. Azafukila amgoshoelevyo kuli, azagamba: muntu akimtukana ngwiyae, wankulu wakwe watatamilwa.

---

[1]) arab. „Uhr".

Muntu na kabwanga na punda.

Muntu na mwanae newakimleta punda na mwe muzi wamtage. Wakihita wazakintana silai na wandele wakiteka mazi; na waja wandele wazawasheka angwe: "Kaula wantu hawa wadashi; punda kana mzigo, nao kawataida kumpanda." — Mtu akiwaiva, azamwika kabwanga ulanga ya punda.

Wakihita silai wazazinka waliho wantu wadala wakiekala kitako. Mdala mungwe azagamba: "Kaula, ni ivyoho nigambilevyo, minga inu vibwanga wawabela wantu wadala. Kabwanga azapanda punda, na ishe agenda kwa milundi." — Muntu akimwiva, azapanda punda mwenye; kabwanga azashela.

Wazazinka wantu watuhu na waja wantu wazamgambila: „Je, tate! Ukimleka kabwanga agende kwa milundi nini? Kuolela, kuti azatibuka? Kadaha kugenda sa punda wako." — Muntu akiwaiva, azampandisha kabwanga nyumai yakwe.

Wazabula hehi na muzi, wazakintana na muntu akiwagambila: „uyu punda ni yenu?" Wazamgambila: „Ni yeshu." Azawagambila: „Imi nenizagamba ndiye pundangwa mumbawilee. Mtamkoma vyalushe, kadaha kwigala wantu waili. Vitana mkimwigala inwi." Angwe ni muntu: „Netigeze." — Wazamshunga milundi, wazamwigala kwa ngoda.

Hatta wakibwila muzi, wantu wa silai wazasheka wakikema kilii. Punda azabulwa ni oga, azagwa hashi, azakina na mwe muto, azafa.

Muntu na kabwanga wazauya kaya wakigambilana: Tizageza kuwatamila wote, mia katumtamile muntu.

Nange jelonga.

Aho kale kuna muzi mkulu na wana wadodo wazahita kwesheziga aho tanga. Wazaona nange wazagamba: nange jakula. Jizagamba: tunda nami nikutunde. Wabula kaya wazagamba: mame, aho tanga hana nange jelonga. Wagangwa ni nine: wana, mna mambeza. Wavyele wazagamba: haya, tiegale aha he nange nange jiho.[1]) Wakibula wazagamba: haya, longai! Wana wazagamba: nange jakula; kajilandula, jizanyamala, jizaleka lwashu. Wana wazagangwa: mna mambeza ni mbwai, mkitiufya mkilonga ulongo? Waja wana wagamba: Tihite tikaolele wenye du. Wazabula. Wakigamba: nange jakula. Jizalandula: tunda nami nikutunde. Angwe: ndivyo, mame, jizalonga vituhu. Wazahita wavyele, nange jizaleka lwashu.

---
[1]) Statt jiliho (?).

Nange jakula jabula sa nyumba, jagua wantu woshe, kwashigala muvyele mdala. Jizawameza wantu woshe wa kaya; jikieguta jizaingila mwe ziwa. Uja muvyele ashigalae azavyala mwana, azakula. Amgamba nine, tate a kuhi? Azagangwa: isho azagwigwa ni nange, jizaingila mwe ziwa. Angwe: Tibite kumlonda tate. Azahita akibula mwe ziwa azagamba: lungo kwela! lungo kwela! tate kwela! Kaene. Azabula mwe ziwa tuhu. Azagamba: Lungo kwela! lungo kwela! Azaona shikilo ja nange, jizalawa, azaogoha, azakwela he muti huko ulanga azawila: lungo kwela! lungo kwela! Jizalawa nase awilae jimtongele. Azakwela muti mtuhu, azambwila nine jakwe, azamgamba: ninke zaka nijikome. Azalavya mivi mwe zaka, azahomela, jizalashigwa. Ahomela mivi kumi, jizafa, jizaluluma kabisa, hata kwa Wuga wazaiva. Azagamba: lete tuni jangu. Azatatula, azashenga; wantu wazalawa mwe nange. Angwe: atilavyae ndai? Angwe: ni mio. Angwe: utagaluka zumbe, titakugimbika. Azagaluka zumbe, azagua kitala chakwe.

Übersetzung der Texte.

A. Einzelne Sätze.

1.

Ich habe einen Schuh. Hast du einen Speer? Er hat einen Bogen. Wir haben Hunger. Habt ihr Durst. Sie sind schläfrig (wörtlich: haben Schlaf). Der Arzt hat Medizin. Der Schmied hat einen Blasebalg. Die Frau hat einen Besen. Hast du ein Bett? Der Häuptling hat einen Speer und einen Bogen. Mein Vater ist zornig (wörtlich: hat Zorn). Wir haben einen Wagen. Sie haben Tabak. Die Rinder haben Hörner. Ich habe Schwindel. Er ist verkrüppelt (wörtlich: hat Verkrüpplung).

2.

Ich habe Schuhe. Die Ärzte haben Medizin. Die Schmiede haben einen Blasebalg. Die Weiber haben einen Besen. Der Mensch hat zwei Arme. Die Träger haben Lasten. Die Büffel haben Hörner. Die Araber haben Turbane. Der Mensch hat zwei Füsse. Diese Leute haben Keulen. Die Weiber haben Armbänder. Wir haben Schuhe. Die Krieger haben viele Wunden.

3.

Ich wünsche gute Schuhe. Der Arzt hat gute Medizin. Die Träger tragen grosse Lasten. Wir hauen diese Bäume um. Kennst du diesen fremden Arzt? Wir sehen einen breiten Fluss. Ihr habt faule Diener. Die Katzen fangen Mäuse. Diese Schiffe haben lange Masten. Die Büffel haben lange Schwänze. Wünscht ihr andere Tassen? Der Jäger tötet viele Büffel. Der Diener bringt Speise und Maisbier.

4.

Das Rind hat Hörner. Die Affen haben lange Schwänze. Das Schiff hat lange Masten. Bringt Brot und Butter! Der Sklave entflieht eilends. Heute brennt die Sonne sehr. Morgens kräht der Hahn. Bringt Speise! Sammelt Brennholz! Zündet Feuer an! Macht Frieden mit den Feinden. Freund, suche mein Messer! Grüsst die Fremden!

5.

Ich habe zwei Schuhe. Das Schiff hat einen Mast. Bringt fünf Brote! Der Mensch hat zwei Hände, und eine Hand hat fünf Finger. Der Hund hat vier Beine. Die Affen haben zwei Arme und zwei Beine. Wir haben 23 Träger. Sie haben vier Diener.

6.

Wann kamen die Träger an? Die Träger kamen gestern an. Die Sklaven bauten ein Haus. Der Jäger brachte Wildpret. Zwei Sklaven entflohen. Die Träger zündeten Feuer an. Wir sammelten Brennholz im Walde. Der Araber schlug die faulen Sklaven. Der Arzt heilte mein Kind. Wir kauften ein gutes Messer in Tanga. Sprecht ihr Ki-Shambala? Der Diener brachte Bananen.

7.

Wann werden die Araber ankommen? Wann wirst du die Speise bringen? Ich werde (es) heute wissen. Der Arzt wird den Kranken heilen. Ich werde ein Haus bauen. Die Sklaven werden Feuer anzünden. Die Jäger werden viel Wildpret bringen. Die Sonne wird heute sehr brennen. Wir werden Messer in Tanga kaufen. Wann werden wir anlangen?

8.

Der Häuptling schlug den Sklaven des Arabers. Die Schuhe der Frauen sind sehr schön. Die Diener des Arabers sprechen Ki-Shambala und Arabisch. Die Lasten der Träger sind sehr schwer. Der Mast dieses Schiffes ist sehr lang.

9.
Der Arzt gab mir Medizin. Der Kopf schmerzt mir. Was wirst du auf dem Markte kaufen? Ich werde Butter, Eier, Honig und viele andere Dinge kaufen. Der Arzt heilte die kranke Frau. Wirst du diese Schuhe kaufen? Ich werde sie kaufen. Der Pfeil verletzte den Häuptling (an) seine(r) Hand. Ich werde dir Speise geben. Wir werden euch eine Ziege schlachten. Er sagte mir: Freund, folge mir!

10.
Bringe meine Schuh! Unsere Diener sind sehr faul. Mein Boot hat drei Masten. Wo ist mein Armband? Sucht meine Frau! Mein Vater sagte mir: Mein Sohn, deine Mutter wird sicherlich sterben. Meine Finger schmerzen mir sehr. Der Häuptling band ihm seine Hände. Siehst du jenen Baum? Ihr Dorf ist sehr klein, es hat nur zwei bis drei Hütten.

11.
Unsere Sklaven sind entflohen. Ich habe ihm Speise und Wasser gegeben. Dein Vater ist gestern gestorben. Hast du meinen Vater gesehen? Ich habe ihn überall gesucht, ich weiss (ihn) nicht, wo er ist. Mein Gatte hat alle Speise gegessen, die im Hause war. Der wilde Büffel hat meinen Freund getötet.

12.
Dieser Mann ist mein Bruder. Die Feinde werden unsere Krieger in die Flucht schlagen. Spricht jener Mann Suaheli? Nein, er spricht nur Ki-Shambala. Wie viel Masten hat dies Schiff? Nimm diesen Speer und folge mir! Gieb mir jene Schuh! Jene Araber sind gekommen, Speise zu kaufen.

13.
Ich habe keinen Tabak. Jener Hahn kräht nicht. Siehst du jene Gazelle nicht? Ich sehe nichts. Kennst du jenes Tier? Ich kenne es nicht. Er kann nicht reden. Ich kann diese Perlen nicht zählen, es sind sehr viel. Diese Schuhe gefallen mir nicht, sie sind zu gross, ich kann sie nicht anziehen. Unsere Pfeifen sind verloren gegangen, wir finden sie nicht. Das Rind kann den Wagen nicht ziehen, er ist sehr schwer.

14.

Ich will auf den Markt gehen. Die alten Leute lieben Fleisch mehr als Fische. Kannst du Ki-Shambala sprechen? Ich habe nicht Ki-Shambala sprechen gelernt. Ich werde diese Leute keinesfalls in unser Haus eintreten lassen. Ali wird nicht mit mir gehen. Wir haben niemanden unterwegs gesehen. Hast du nicht gehört, was er gesagt hat? Ich habe nichts gehört. Wir werden diese Schuhe nicht kaufen, sie sind zu teuer. Die Träger sind heute nicht angekommen. Ich werde dir nichts geben, wenn du mir nicht sagst, wohin er gegangen ist.

15.

Zeige mir die Wunde, die dich schmerzt. Wo kauftest du die Schuhe, die du mir gestern zeigtest? Jener Mann, dessen Namen ich nicht weiss, wird morgen wiederkommen. Wer ist es, der dir das gesagt hat? Wer hat meine Kleider gewaschen? Ist da ein Mann, der Ki-Shambala spricht? Der Baum, den wir umschlugen, war ganz verfault. Wir werden die entflohenen Büffel wieder einfangen. Die Lasten, die die Träger tragen, sind schwer. Wir werden jeden töten, der die Grenze überschreitet. Du, der ihn kennt, wirst mir sagen, (ob) seine Worte wahr oder unwahr sind. Ich vergass, was du mir gesagt hast.

16.

Der Sklave hat meine Kleider nicht gewaschen. Diese Kalebassen sind sehr gross. Wo kauftest du diese Körbe? Die Giraffe ist ein grosses Tier, das einen sehr langen Hals hat. Unsere Schafe sind sehr fett. Ich werde dies Kalb schlachten. Diese Katze fing alle Mäuse, die in unserm Hause waren. Die Bienen bereiten Honig. Wem gehört (wörtlich: Wessen ist) dieser Hammer? Welches Haus habt ihr gekauft? Dieser Schild ist sehr schwer, ich kann ihn nicht tragen. Deine Kleider sind schmutzig geworden, du musst (wörtlich: es liegt dir ob) sie waschen. Dies Gift tötet die Ameisen nicht.

17.

Welches Ohr schmerzt dir? Dieser Fluss hat zwei Arme. Lasst uns die Äste jenes Baumes abhauen. Geh hinaus und wirf diese Asche fort. Der Mensch hat 22 Backzähne. Diese Bananen sind reif. Ist diese Butter frisch? Dies Ei ist faul. Diese Enten sind fetter als jene. Welchen Esel willst du von diesen verkaufen. Der Strauss ist ein sehr grosser Vogel, der zwei Flügel hat wie andere Vögel, aber nicht fliegen kann, weil sein Körper zu schwer ist. Die Früchte dieses Baumes sind am grössten. Es giebt viele Flusspferde in diesem Flusse. Die Giraffe hat einen sehr langen Hals. Wie viel Hunde habt ihr?

18.

Öffne mir die Thür! Dein Brief ist mir zugekommen. Hast du mir mein Messer gesucht? Ich werde dir eine Ziege schlachten. Mach mir Schuhe! Wir brieten euch ein Stück Fleisch. Ich habe den Leuten ein Haus gebaut. Ich habe jenem Manne nichts Böses gethan. Sage mir alles, was du weisst. Wer hat mir diesen Brief gebracht?

19.

Sag dem Koch, er soll das Essen kochen, (damit) wir essen, wir haben Hunger. Lasst uns unseres (Wegs) gehen! Gieb mir Wasser, (dass) ich trinke. Verzeih mir alles, was ich gethan habe. Was sollen wir thun? Sage mir deinen Namen! Fürchte dich nicht! Schöpfe kein Wasser aus diesem Brunnen, (damit) wir nicht sterben; es ist sehr giftig (wörtlich: hat scharfes Gift). Lass diese Leute Wasser schöpfen und ihre Kamele tränken, die sehr durstig sind. Sie wohnten viele Jahre zusammen, ohne sich zu zanken, er und sein Weib.

20.

Wenn er den Speer ergreift, werde ich ihn niederschiessen. Indem der Baum niederfiel, tötete er meinen Vater. Wenn er mich fragt, (so) antworte du ihm! Indem er Wasser schöpfte, fiel er in den Brunnen. Wenn die Träger ankommen, (so) sagt es mir. Wenn er mich betrügt, werde ich ihn töten. Die Bettler gingen bettelnd in dem Dorfe umher. Die Feinde warfen ihre Waffen im Fliehen fort. Wenn du mein Kind heilst, werde ich dir alles geben, was du wünschst. Er entfloh und lief eilends und kam nach jener Stadt, ohne nur einmal anzuhalten. Wenn der Hahn kräht, (so) wecke mich! Wenn das Essen fertig ist, (so) sag dem Koch, (dass) er es bringe, (damit) wir essen.

21.

Diese Bäume sind hoch. Wer ist dieser alte Mann? Wie (wörtlich: wer) ist dein Name? Wir sind alt, ihr seid jung. Ist dein Vater gesund? Mein Vater ist sehr krank. Ist dein Vater noch wach? Nein, mein Vater ist schlafen gegangen. Sei nicht unordentlich (wörtlich: Sei nicht mit Unordnung)! Wenn ihr nicht wach seid, wenn die Feinde kommen, werdet ihr alle getötet werden. Sein Vater war reich, aber er selbst ist arm. Weisst du (ihn), wo er ist? Diese Bananen sind noch unreif. Dies Mädchen ist meine Tochter.

22.

Der Hahn hat sehr schöne Federn. Dieser Strick ist nicht fest, er wird reissen, wenn wir ihn sehr ziehen. Von wem ist dieser Löffel gemacht? Der Häuptling hat ein langes Schwert. Er ist blind geworden wegen seines Alters.

23.

Ich kann nicht (so) weit sehen, wie du siehst, deine Augen sind besser als meine. Krieg ist besser als ein schlechter Friede. Die Bananen sind billiger als alle Früchte. Seine Worte sind süsser als Bienenhonig. Welches Holz ist das festeste? Wer ist ärmer als wir? Sieh jene Berge, sie sind hoch; welches ist der höchste? Meine Last ist schwerer als deine.

B. Zusammenhängende Stücke.

Das Kaninchen[1]) und die Ziege.

Das Kaninchen fiel in einen Brunnen. Es konnte nicht herauskommen. Da kam eine Ziege und wollte Wasser trinken. Sie sah das Kaninchen und fragte es: Ist das Wasser süss? Das Kaninchen sprach zu ihm: Dies Wasser ist sehr süss, Freundchen; ich habe nie Wasser gesehen, das so süss wäre, wie dieses. Komm nur herunter, du wirst sehr erfreut sein. Die Ziege stieg hinab. (Da) kletterte das Kaninchen auf sie, sprang, kam heraus und liess die Ziege im Brunnen.

Die Frau und ihre Mägde.

Früher, ehe Uhren gemacht wurden, war (einmal) eine Frau, die einen Hahn hatte. Dieser Hahn krähte morgens früh. Sobald die Frau den Hahn hörte, weckte sie ihre Mägde, (damit) sie arbeiteten. Die Mägde wollten gern viel schlafen, fassten den Hahn (und) töteten ihn. Als die Frau in der ersten Nacht den Hahn nicht hörte, wartete sie, bis die Sonne aufging. Aber als sie (ihn) wusste, (dass) er getötet war, weckte sie die Mägde jede Nacht, sobald sie selbst er-

---

[1]) Das Kaninchen spielt in den Tierfabeln der Afrikaner dieselbe Rolle wie unser Fuchs. Diese und die folgenden drei Stücke sind nach dem Suaheli übersetzt.

wachte, selbst wenn es Mitternacht war. Und sie sahen, dass es besser gewesen wäre, den Hahn nicht zu töten.

Der Hund und der Dieb.

In einer dunkeln Nacht da kam ein Dieb zum Hause des Häuptlings, um seine Habe zu stehlen. Als der Hund ihn erblickte, bellte er. Der Häuptling erwachte und spähte, sah aber nichts. Er sprach zum Hunde: Sei still! und ging schlafen.

Als der Dieb sah, (dass) er eingeschlafen war, kehrte er zurück und versuchte die Thür zu öffnen, (damit) er hineinkäme. Der Hund bellte laut. Der Häuptling erwachte und der Dieb versteckte sich. Der Häuptling sah nichts, wurde zornig, schalt den Hund, und ging schlafen.

Der Dieb kam wieder und der Hund bellte. Aber der Häuptling wollte nicht hören. Morgens früh sah er, dass ein Dieb eingedrungen war und viele Dinge fortgetragen hatte. Er erinnerte sich, was er dem Hunde gethan hatte und sprach: Wenn ein Mensch seinen Freund beschimpft, werden sich seine Feinde freuen.

Der Mann, der Knabe und der Esel.

Ein Mann und sein Sohn brachten einen Esel in die Stadt, um ihn zu verkaufen.

Während sie gingen, trafen sie auf dem Wege Wasser schöpfende Mädchen. Die Mädchen verspotteten sie und sprachen: Sieh, diese thörichten Leute! Der Esel hat keine Last, und sie verstehen nicht, ihn zu reiten. — Als der Mann sie hörte, setzte er den Knaben auf den Esel.

Während sie auf dem Wege (weiter) gingen, kamen sie (an einer Stelle) vorbei, wo alte Leute sassen. Ein Alter sprach: Sieh, es ist so, wie ich gesagt habe; in diesen Zeiten verachten die Jungen die Alten. Der Knabe reitet den Esel und sein Vater geht zu Fuss. — Als der Mann ihn hörte, bestieg er den Esel selbst und der Knabe stieg herunter.

Und sie kamen an andern Leuten vorbei und diese sprachen zu ihm: „Oh! Vater! warum lässt du den Knaben zu Fuss gehen? Siehst du nicht, dass er müde ist? Er kann nicht gehen wie dein Esel. — Als der Mann sie hörte, liess er den Knaben hinter sich reiten.

Und sie kamen nahe an die Stadt und trafen einen Mann, der

sprach zu ihnen: Ist das euer Esel? Sie sprachen zu ihm: Er gehört uns. Er sprach zu ihnen: „Ich dachte, es wäre ein fremder Esel, den ihr gestohlen habt. Ihr werdet ihn sogleich umbringen, er kann nicht zwei Menschen tragen. Es wäre besser, wenn ihr ihn trüget." Der Mann sprach: „Wir werden (es) versuchen. — Und sie banden ihm die Füsse, und trugen ihn an einem Stock. Als sie nun in die Stadt kamen, lachten die Leute auf den Strassen und schrieen laut. Der Esel bekam Furcht, fiel zur Erde, fiel in einen Fluss und kam um.

Der Mann und der Knabe kehrten nach Hause zurück, indem sie zu einander sprachen: Wir versuchten, allen zu gefallen, aber wir haben niemandem gefallen.

Der sprechende Flaschenkürbis.[1])

Es war einmal ein grosses Dorf und die kleinen Kinder gingen dort auf das Feld zu spielen. Und sie sahen einen Kürbis und sprachen: Der Kürbis wird gross. Und er (der Kürbis) sprach: Pflücke (mich), und ich werde dich pflücken. Und sie kehrten heim und sprachen: Mutter, dort auf dem Felde ist ein Flaschenkürbis, der spricht. Und die Mutter sprach zu ihnen: Kinder, ihr lügt. Die Mädchen[2]) sprachen: Auf, führt uns hin zum Flaschenkürbis, wo der Flaschenkürbis ist. Als sie hinkamen, sprachen sie: Wohlan, sprecht! Die Kinder sprachen: Der Kürbis wird gross. Aber er antwortete nicht, sondern blieb stille und machte kein Geräusch. Da sagten ihnen die Mädchen: Warum habt ihr gelogen, indem ihr uns betrügt und Lügen sprecht? Die Kinder[3]) aber sprachen: Lasst uns nur hingehen und selbst sehen. Und sie gingen[4]) hin. Als sie sagten: Der Kürbis wird gross, antwortete er: Pflücke (mich), so werde ich dich pflücken! Und sie sprachen (daheim): Ja, Mutter, er hat wieder gesprochen. Die Mädchen gingen (nun wiederum) hin, aber der Kürbis gab keinen Laut von sich.

Und der Kürbis wächst, wird gross wie ein Haus und ergreift alle Menschen. Es bleibt (nur) eine alte Frau übrig. Er verschlang

---

[1]) Aus einer Sammlung von Erzählungen, die die Missionare in Mlalo aufgezeichnet haben.
[2]) Die nicht mitgewesen waren.
[3]) Die den Kürbis zuerst hatten sprechen hören, aber jetzt zu Hause geblieben waren.
[4]) Ohne die Mädchen.

alle Bewohner des Dorfes. Als er satt war, ging er in den See. Die Frau, welche übrig geblieben war, gebar ein Kind, das heranwuchs. Es fragte seine Mutter: Wo ist mein Vater? Sie antwortete: Dein Vater ist von einem Kürbis ergriffen, der in den See gegangen ist. Er sprach: Lass uns gehen und meinen Vater suchen! Und er ging, und als er an den See kam, sprach er: Kürbis[1]), komm herauf! Kürbis, komm herauf. (Aber) er sah nicht(s). Da kam er an einen andern See und rief: Kürbis, komm herauf! Da sah er das Ohr des Kürbis herauskommen und fürchtete sich und kletterte auf einen Baum. Und da oben schrie er: Kürbis, komm herauf! Kürbis, komm herauf! Und der Kürbis kam heraus, um den Schreier zu verfolgen. Aber dieser kletterte auf einen andern Baum und kam zu seiner Mutter und sprach: Gieb mir den Köcher, (dass) ich ihn töte! Und er nahm Pfeile aus dem Köcher und schoss und er (der Kürbis) wurde verwundet. Und er schoss zehn Pfeile ab. Da starb er und brüllte (so) sehr, dass man es bis Wuga hörte. Der Jüngling sprach: Bringe mein Messer! Und er schnitt (den Kürbis) auf. Und die Leute kamen heraus und sprachen: Wer befreit uns? Er antwortete: Ich bin es. Da sprachen sie: Du sollst Häuptling werden, wir wollen dich ehren. Und er wurde Häuptling und nahm sein Häuptlingsgehöft ein.[2])

---

[1]) Was lungo eigentlich bedeutet, weiss ich nicht.
[2]) Eine andere Erzählung mit Übersetzung habe ich in meiner Zeitschrift für afrikanische Sprachen (1895, S. 63 ff.) veröffentlicht.

Ki-Shambala-Deutsches Wörterbuch.

Wörterverzeichnis.*)

-afiza, erwarten.
-aga, vergehen; verloren gehen; Abschied nehmen; fula izaaga, der Regen hat aufgehört.
-agila, betreffen, angehen.
-agilwa, irren.
-agiza, betreffen, z. B. yatiagiza kuliha, das Bezahlen betrifft uns, d. h. wir müssen bezahlen.
-agwilwa na ukiwa, von Schmerz ergriffen werden.
aha, hier.
ahuma, Fieber (vergl. mbu).
-aka, brennen (intr.); zua jizaaka, die Sonne brennt.
akida, Vertreter des zumbe in entfernteren Gebieten.
aliko, wo er ist.
-ambata, umarmen.
-ambika, kochen.
-ambiza, helfen.
-ambizanya, einander helfen.
-anda, anfangen; -andila (dass.).
-angadika, herumgehen, umhergehen.
-angalamkila (muntu), jemandem offen stehen (von einem Lande).
angwe, dient zur Einführung der direkten Rede; wenn der Redende genannt ist, wird angwe ni gebraucht, z. B. angwe ni uja nyoka, da sprach die Schlange.
-apikana, angrenzen.
-asakanya, ausbreiten, zerstreuen.
-asha, verlassen, werfen, wegwerfen.
-asha, anzünden.
-ashiza (muntu kintu), jem. etwas zurücklassen.
-ashiza muntu moto, jem. ein Feuer anzünden.
ati, wenn, ob; ati — atize, ob — oder ob nicht.
-aza, verlieren.

baba, Grossvater.
-babatuka, sich entsetzen.
babu, behaartes Fell; vergl. kanda.
-babashi, unwissend.
-bada, böse, schlecht; mabada, Sünden.
-badika, anschweissen.
-bagabaga, prahlen.
bago, Dickicht.
bahali (Arab.), Meer.
bahati, Glück.
bala, Pl. ma-, Brett.
balangala, Aussatz.

---
*) Abkürzungen: jm. = jemandem; jn. = jemanden; Bo. = Bondeïsprache. Muntu = Akkus. der Person; kintu = Akkus. der Sache.

baluti (Arab.), Schiesspulver.
balwe, Leopard.
-bana, verderben, verwüsten, Unzucht treiben; auch -bananga und -banabana.
bangu, offener Platz.
-banika, verdorben, zerstört sein; -banikilwa, dass.
banti, Pl. ma-, Brett zur Pritsche.
-basha (muntu), zu jm. kommen.
bau, Hyäne, vergl. manjaku.
-bawa, stehlen; Pass. baigwa.
bela, Flaschenkürbis; vgl. nange.
-bela, verachten.
-beza, verachten.
biga, Pl. -ma-, Krug.
bilibili, Flamme. (Bo.: Hitze.)
-bilikila, verkündigen.
bimbi, Pl. ma-, Nebel mit feinem Regen.
-binda, beendigen, fertig sein mit etwas; -bindiliza, dass.
-bindilikiza, fertig sein (von Sachen).
-bisha kani, leugnen.
-bishi, unreif, roh, ungar.
boga, Pl. ma- Zukost.
-bogosha, stechen, stochern.
boko, Pl. ma-, getrocknete Kassava.
boma, Dorfwall.
-bonda, zerbrechen (tr.).
-bondeka, zerbrechen (intr.).
-bontoka, endigen (intr.).
bontokelo (IV.), Ende, Bedeutung.
-bontola, beendigen (tr.)
-bontoela, an jem. etwas vollenden.
-bovola, durchbrechen.
-bovosha, durchbohren.
buga, Kaninchen.
-bula, ankommen, erreichen; Pass.

-bulwa, befallen werden von (ni), vergl. sala, shoni, kilu.
bule, leer: vergeblich (Adv.); aekala bule, er ist müssig.
bulibuli, Spinne, vergl. zuli.
-bulila, sich jem. (muntu) nähern; vergl. -bwila.
bumba, Pl. ma-, Haufe (Menschen), Schar.
bundiki (Arab.), Flinte; vergl. futi.
bundu, Pl. ma-, Turban.
-bunduga, mahlen.
-buza, jn. holen lassen.
bwana, Herr.
bwaza, Pl. ma-, Straussenfeder.
bwende, alt (von Sachen).
bweni: zumbe ywa bweni, Jünglingswart.
bwesuna, Ding.
-bwila, erreichen; von -bula.

-cha = -sha; Iwazu lwa kukicha, Osten.
-chakuka, verwüstet werden, zerstört werden, verderben (intr.).
-chakula, verwüsten, zerstören, verderben (tr.).
chala, Pl. vyala, Finger, Zehe.
chalu cha gati, Mittelfinger.
chala cha mpezo, kleiner Finger.
chando, Pl. vy-, Anfang, Ursprung (vergl. -anda).
chiolela, Fenster (vergl. -olela).
chiomboko, Furt, Übergangsstelle.
-chelwa: mwezi uzuchelwa, abnehmender Mond.
cheni, Pl. vyeni, Gesicht, Stirn; vergl. usho.
chokaa Kalk.

-choma, rösten.
chombo, Schiff; Gefäss.
chongoi, draussen.
chonjwe, wilde Katze.
chuma, Herde.
chungu, Ameisen; vergl. kolokolo.
-chuta, dunkel sein, blau sein.
-chwalamuka, kriechen.
-daha, können.
dahame, Pl. ma-, Flicken (Bond. ndame).
-dahikana, möglich sein.
-dahisha, 1. befähigen, 2. verstehen.
-dala, alt.
-dalahala, alt werden.
dalu, Pl. ma-, Kanoe.
-dantukila, hüpfen.
-dashi, dumm.
dege, Plur. ma-, grosser Vogel.
-denganila, umgeben, umringen.
-dengenya, kitzeln (tr.)
-didima. zittern.
-dika, kochen.
diwa, Teich.
-degesha, kitzeln.
-doa, berühren, anrühren.
-doda, tröpfeln.
-dodo, klein; nyumba ndodo.
-dodola, sammeln.
-dongana, einander drängen (?).
-dosa, der Spur folgen.
dote, Pl. ma-, tropfen; vergl. -doda.
du, nur; imi du, nur ich.
dudu, Blattern.
-dugulika, reich sein.
dulazi, Geschwür.
-dunda, stossen.
-dwika, reissen (intr.).
-dwisha, zerreissen (tr.); kudwisha mbuli, etwas entscheiden.
-edi, gut, vergl. Gramm.
eéheni, ist es so? nicht wahr?
ega, Pl. ma-, Schulter.
-egeka, sich anlehnen.
-eguta, satt sein, genug bekommen haben, zufrieden sein.
ehe, ja.
-ekala, bleiben, wohnen, sitzen.
-ekaza, sitzen lassen, wohnen lassen.
-eleka, auf dem Rücken tragen.
-elela, klar sein.
-enyi, habend, besitzend, vgl. Gramm.

-fa, sterben; Perf. file.
falu, Rhinoceros.
-fanana, ähnlich sein.
-fanyanya, vergleichen; kufanyanya muntu na m., jn. jm. ähnlich finden; fanyanyi, Ähnlichkeit.
farashi (Arab.), Pferd.
-fefela, tanzen (mit Bewegung des feza (Arab.), Silber. [Hinterteils).
fi (III. Pl.) graue Haare.
figa, Pl. ma-, Stein zum Tragen des Kochtopfs.
figo, Pl. ma-, Niere.
fika, (Opfer-) Fest.
-fika, eilen (mit folg. Inf. ohne ku-).
-fikila, verstecken.
-fila muntu mbazi, jem. Mitleid erweisen.
fingo, Pl. ma-, Zauber (für ein Dorf, vergl. kago und kirumbi). Woodw. S. 152 s. v. fingo: medicine places at entrances of towns to ward off evil spirits.

fishi, Hyäne; vgl. manjaku und bau.
-fisha, verbergen.
-fishiza, verstecken lassen.
fofota, Lunge.
fovo, Unkraut.
-fuka, graben.
-fukila sich erinnern, gedenken.
-fukiza, erinnern; vergl. fukila.
fula, Regen; fula izagwa, es regnet; fula ya mawe (Steinregen =),
fulata, Ziegenbock. [Hagel.
fulawa, Ambos.
fumba, Klaue.
fumu, Weisheitszahn.
fumu, Pl. ma-, Speer, mit kurzer Klinge; vergl. guha, luti, pembo.
funda, Pl. ma-, Backe, Wange.
fundi, Handwerksweister.
fundika, knoten.
fundo, Pl. ma-, Knoten.
fungu, Pl. ma-, Teil.
funo, eine Gazellenart (wie eine Ziege); vergl. namu.
-funya, kneifen.
-fusula, rupfen (z. B. ein Huhn).
futi, Flinte; kutoa futi, schiessen.
-futuka, anschwellen.
-fuza, lehren.
fwaka, Tausendfuss.
fyele ya mbuzi, weibl. Ziege.
-fyogosha, reiben.
-fyoma, lesen.
-fyosa, küssen.
-fyosana, einander küssen.

gada ja tagi, Eierschale.
gage, Schilf.
gala, Pl. ma-, Leuchte, Fackel.
-galuka, werden.

-galusha, werden lassen, machen zu.
gamba, Fels.
-gamba, sagen; meinen.
-gambila, zu jem. sagen.
gana, Tabak.
-gangwa, die Antwort oder Mitteilung erhalten (mit folgender direkter Rede).
gari, Pl. ma- (indisch), Wagen.
gasa, Pl. ma-, Handfläche, vergl. kigasa. — kutoa magasa, in die Hände schlagen.
gasi, Krampf.
gati, Mitte, — chala cha gati, Mittelfinger. — gati ya, inmitten.
gatigati ya, zwischen.
gego, Pl. ma-, Backzahn.
-geke, wenig(e); mazi mageke, das Wasser ist seicht.
-gelemka, heraufkommen.
-geleza oder gereza, versuchen, kosten, probieren; vergl. -geza.
gembe, Pl. ma-, Hacke.
gemo, Pflanzung.
-genda, gehen.
-genda mihisu, niesen; -genda miyayu, gähnen.
-gendela, zu jem. gehen.
-gendesha (mit ulanga), hinaufgehen.
-geni, fremd.
-genera, viel werden, sich ausbreiten.
-genyereza, vermehren.
-gera, glatt sein.
-gera, giessen, hineinthun; aufsetzen (d. Hut).
-geza, versuchen.

-gima, lebendig, gesund; ganz. kuwa mgima, leben.
-gimbala, fett sein (v. Personen).
-gimbika, ehren.
-ginta, eintauchen; niederfallen.
-gisa, verteilen, verbreiten lassen.
goda, Pl. ma-, Baumstumpf.
-goja, warten; aufwarten, dienen.
-gojela, erwarten; bewachen.
-gojesha, ordentlich acht geben auf. jem.
-goloka, aufrecht stehen; grade sein. zua jikigoloka, Mittag.
-golokela kitu, einer Sache vorstehen, sie beaufsichtigen.
-golosha, aufrecht stellen, aufrichten.
goloto ja izwi, Kniekehle.
goma, alte Kuh.
-gombana, streiten.
gome, Baumrinde.
-gomela, jem. aufhalten (mit ausgebreit. Armen).
-gona, ruhen, schlafen.
-gonda, schreiben.
gondo, Eidechse; vergl. kokolwe.
gongonda, anklopfen.
goshi, Nacken.
-goshi, männlich.
-goshola, machen, thun.
-goshola ndima, arbeiten
-goshoela (m. k.), für jem. etwas thun, machen.
gota, Pl. ma-, Ähre.
-gotoka, zurückkehren.
-gotola, mwezi wagotola ngombe, Vollmond.
-gua, nehmen; l'ass. gwigwa.
-gubika, bedecken.

Seidel, Ki-Sbambala.

gubo, Hinterkopf.
-gubula, aufdecken, öffnen (z. B. ein Kästchen); vergl. -zugula.
-gufya, berühren; vergl. -doa.
-gugunya, nagen.
guha, Pl. ma-, Speer, mit langer, breiter Klinge; vergl. fumu, luti, pembo.
guha, ein Pfand.
-gula, kaufen.
-gulila (m. k.), für jem. etwas kaufen.
gulilo = gwilo, Markt.
gulo, gestern; vergl. zana.
-guluka, laufen.
-gulukila m., zu jem. laufen.
-gulusha, wegtreiben.
gumba, Daumen.
guni, grobes Zeug.
gunda, Horn (Musikinstrument).
gunia, Sack.
gutwi, Pl. magutwi, Ohr; vergl. shikilo.
-guzanya, tauschen.
-gwa, fallen; vergl. kukina.
gwaha, Achselhöhle.
gwasi, Wildschwein.
-gwila, fangen.
-gwilana (na), ringen (mit).
-gwilizi, eine Vogelart.
gwilo, Markt.
-gwisha, fallen lassen, umwerfen.
-gwishiza = -gwisha.

-ha-, hier, z. B. mazi yahalawa, hier kommt Wasser heraus.
-hagila, fegen.
hagilo, Besen.
hahi, wo?

haja dort.
-haka, waschen.
-hakala, kratzen.
haki (Arab.), Gerechtigkeit.
hale, fern.
-halila, jäten.
-hamba, schmücken.
hambu, oder (in der Doppelfrage); denn, weil.
hambuze, ist es nicht? nicht wahr?
-hamuka, schmelzen.
-hana, breit.
-handa, säen, pflanzen.
hane, Pl. ma-, Garbe.
hangi, vielleicht.
-hangusha, abwischen.
hangwe, zusammen.
hantu, Ort, Platz, Stelle. hantu hoshe, überall.
hashi, der Grund, Boden, das Unterste (vergl. ha und shi).
hata, und auch, bis, sogar (Arab.).
haya, Pl. hayai, wohlauf!
-haza, winken.
-hefya, riechen.
-hegesha, Feuer reiben.
hehi, nahe; beinahe.
-hela, aufhören, bereuen (?).
-hema, Pl. ma-, Zelt (Arab.).
-hema, 1. aufatmen, 2. ausruhen.
-hembeleza, anflehen, begütigen, versöhnen.
hemboni ya zisho, Schläfe.
-hesa, seufzen.
hese, aussen.
-heta, worfeln.
-hetela leba, jem. verraten.
-hi, woher, wohin? (wird Verbalformen angehängt).

-hi, welcher?
-hila, hassen, vergl. -shuka u. shukizigwa.
-hima, messen.
-himila, jem. inständig bitten, nötigen.
-hinda, beugen, biegen.
hindi, Hülfte (ya).
-hinya, lehren.
-hisha, warm sein; mazi yehisha, warmes Wasser.
-hita, weggehen, fliessen; kuhita zakwe, seines Wegs gehen.
-hita mbago, seine Notdurft verrichten.
-hituka, sich wenden, umdrehen; erschrecken (intr.); werden.
-hitula, wenden, umdrehen (tr.).
-hitulila = hituka.
-hitusha, 1. umwenden (tr.), 2. zu etwas machen, 3. erschrecken (tr.).
hoho, Schmetterling.
-hoka, rauben.
-hokea, annehmen.
-holela, hängen (intr.).
-holeza, hängen.
-hombwela, verstummen.
-homela, werfen.
-hona, gesund werden, genesen.
-hongeza, besänftigen, versöhnen.
-honola, abwischen.
-honya (Wb.), heilen, retten.
-hotoka, krumm sein.
hoya, Pl. ma-, Axt.
-hoza, heilen (tr.).
-hufu, billig.
-huha, leicht sein (von Gewicht).
huko, dort.

hula, ernten.
-huluzuka, närrisch werden.
-huma, krank sein.
-huna, schleppen, ziehen.
-hungo, Pl. ma-, Blatt.
huzu, ein altes, verfallenes Haus.
-hwa, sich verlaufen (von einer Überschwemmung).
-hya, neu, jung.
-hya, brennen, verbrennen (intr.).
-i, was?
ifu, Pl. maifu, Eingeweide (die grossen); Bauch, Magen.
ifyo, Herde.
-igala, tragen, schicken.
ihaho, aber.
-ihilwa, bedauern, bereuen.
ihu, Pl. mahu, Beule, Geschwür.
-ika oder -ikiza, stellen, legen; kwika vishivu, fertig machen.
ike, ike du, allein.
-ikila, hinabsteigen.
-ikiza, hinabsteigen lassen, hinabbringen.
-ilinya mwe mazi, untersinken.
-imba, singen.
-inama, sich bücken.
-inamya, beugen, biegen (tr.).
inga, Sorte; wie, ka -inga sa; vergl. Gramm. -inga, wünschen; mit folg. Konj. = Futurum.
-ingata, treiben, vertreiben, verfolgen.
-ingila, eintreten; untergehen (Sonne); kweingila zua, West.
-ingiza, hineinbringen.
ini, Pl. maini, Leber.
ini, wann?

-inka, geben; -inkwa, erhalten, bekommen.
-inuka, aufstehen; erwachen.
-inukila, wider jem. sich erheben.
-inula, heben, tragen; aufwecken.
-inulisha muntu mzigo, jem. eine Last aufladen.
ishe, sein Vater; isho, dein Vater; vergl. tate.
ishi, unten; mlomo wa ishi, Unterlippe; ishi ya, unter.
-itanga, rufen.
-itika m., oder -itikila, antworten (jem. auf einen Ruf).
-itula, zermalmen.
-iva, hören; reifen. kadaha kwiva, er ist taub.
-ivana, übereinkommen.
-ivanisha, versöhnen, ein Übereinkommen zwischen zwei Streitenden herbeiführen.
ivi, so; ivilushe, so eben; ivi du, plötzlich.
iviho, so.
ivyo, so.
ivyoho, so.
iwe, Pl. mawe, Stein; iwe ja futi, Flintenstein.
-iza, kommen.
-izaga, kratzen.
-izila m., zu jem. kommen.
-izilwa ni ukiwa, von Schmerz betroffen werden.
-izwa, reif sein.
izwi, Pl. mazwi, Knie; vergl. vindi.
-ja, essen.
jafa, Preis.
-jala, vergessen.
-jata, treten.

javata, Signalhorn für die jungen Burschen.
-jela, hineinwerfen.
jihya, vergl. -hya.
-jika, essbar sein.
jimwe, eins (IV. Kl.); gua jimwe leka jimwe, abwechselnd.
jowe, Esel (grosser Schlag).
juju, Kropf.
jula, Pl. ma-, Frosch.

kabiga, Pl. vi-, Krug; vergl. biga.
kabisa, sehr.
kabuga, kleines Kaninchen.
kabwanga, Knabe.
kabwende, Lumpen.
kadula, eine kleine Feldmaus; vergl. kozo.
kafi, Pl. ma-, Ruder.
kagawa, Lendentuch.
kago, Zauber für eine Schamba; vergl. fingo und kirumbi.
kagole, Pl. vi-, Knopfschlinge.
kagoshi, Pl. vi-, Knabe, Bursche.
kahana, nie; nein.
kaiwe, Pl. vi-, Steinchen.
kajihi, Pl. vi-, Zwerg.
-kakalika, rauh sein.
kala, Krebs, Muschel.
-kalagala, dürr sein.
kale, Vorzeit; früher; aho kale, damals; kale na kale, stets.
-kali, wild, heftig; mbuli nkali, rauhe Worte.
-kama, melken.
kambaku, Stier.
-kamka = -kamuka, trocken werden.
kanda, Pl. mu-, (Frucht-) Schale; Rinde; Haut (d. Menschen).

kandai, entlang; um ... herum; daneben.
-kanda, berappen, putzen, tünchen (Mauerwerk).
kandakanda ya, längs.
-kandana, schmutzig werden.
-kandanya, beschmutzen.
kande, Speise, Mahlzeit (= nkande).
kandele, Pl. vi-, Mädchen; vergl. kavele und mndele.
kanga, Rost; kwingila kanga, rosten.
kanga, Pl. ma-, Perlhuhn.
kangi, obschon; wieder.
kangwe, damit, um zu; denn.
kangwe na, gleichzeitig mit.
-kani; kukela oder kubisha kani, leugnen.
-kanka, lästern, schimpfen.
-kanta, binden.
-kantuka, gequält werden, bestraft werden.
-kantula, quälen, belästigen, bestrafen.
kanwa, Pl. mu-, Mund, Stimme.
kaoneka, vergl. mtawa.
kapala, Pl. ma-, Fisch.
katasi, Pl. vi-, Öse, Schlinge.
kau, Frost.
-kaula, schauen, sehen.
-kaula lumosho, kosten.
kaushungu, Pl. vi-, Bläschen (auf der Haut).
kavyele, Pl. vi-, Mädchen; vergl. mundele und kandele.
kavu, Pl. rha-, Backe; vergl. funda.
-kawa, zögern.
kaya, Heimat, Wohnung.
-kaza, schnüren, festziehen, enger machen.

kazana, Pl. vi-, Kind; vergl. mwana.
-kazinga, braten.
kaziti, Strauch.
kazitu, Wäldchen, Hain.
-kazu, trocken.
kazuto, Bach (vergl. muto).
-ke-, noch, z. B. uke mbwanga, du bist noch ein Kind; yake manya, sie sind noch unreif.
-kebe, mwana mkebe oder kazana kakebe, Säugling.
-kela, abhauen.
-kela kani, leugnen.
-kema, schreien, tönen, knarren; kukema uila, singen; -kemesha, ertönen lassen, blasen (ein Instrument).
-kemela, jem. schelten.
kemeu, Meissel; vergl. temo.
kenya, oben: mlomo wa kenya, Oberlippe.
keroi, morgen: vergl. makerokero.
keyu, (Baum-) Bast.
kibamba, Pl. vi-, Brief.
kibanda, Grasland.
kibao; kutoa kibao, eine Ohrfeige geben.
kiberiti (arab.), Schwefel.
kibilikizi, der Ausrufer (der öffentlichen Erlässe und Arbeiten).
kiboi, Pl. vi-, die Keule.
-kibushu, anzünden (eine Pfeife).
kibweta, Kasten.
kidalu, Sumpf.
kidanga, Armband.
kidezu, Pl. vi-, Kinn.
kifa, Tod.
kifigwe, der Vorraum der Hütte.

kifua, Pl. vi-, Brust.
kifumba, Handrücken.
kigango ne kukulu, eine Beteuerungsformel; man zeigt dabei in die Höhe.
kigano, Erzählung.
kigasa cha mkono, Handfläche.
kigili, Alter (?).
kigoshi; -a kigoshi, männlich, z. B. ndugu wa kigoshi, Bruder.
kigosho, Pl. vi-, Handlung.
kigubiko, Deckel, vergl. -gubika.
kigudi, Pl. vi-, Lende.
kihaga, Ferse.
kihimbili cha mkono cha kenya, Oberarm: k. cha mkono cha ishi, Unterarm.
kihimo, Maass.
kihindi, Pl. vi-, Stück.
-kihinya, lernen: vergl. -hinya.
kike, weibliche Art: -a kike, weiblich.
kiko, Pl. vi-, Pfeife.
-kikoma, stolpern, straucheln.
kikombe, Pl. vi-, Tasse.
kikwale, Rebhuhn.
kila (Arab.), jeder.
-kila, erobern (?).
kilaga, 1. Auftrag, 2. Bündnis.
kilalu, Tollheit.
kilama, Eisen: Klinge.
kilanda, Harmonika.
kilano, Fluch.
kilatu, Pl. vi-, Schuh.
kilema; ana kilema, er ist missgestaltet.
kilezu, Kinn: vergl. kidezu.
kilii; -kema kilii, heulen.
kilima, Pl. vi-, Hügel.

kilimbili, Handgelenk; vergl. tili u. konyoko.
kilimo, Bestellung (desFeldes), Jahr.
kilindi, Abgrund.
-kilisha, schwören.
kilo, Nacht; kilo kikulu, Mitternacht.
kiloa, Angelhaken.
kiloboto, Pl. vi-, Floh.
kilolo; vergl. vilolo.
kilonda, Pl. vi-, Geschwür, kleine Wunde.
kilongere, Sprache.
kilongola, Führer.
Kilongwe, Tangu.
kilozilo, Rufer beim Gericht (masa), der die einzelnen Reden mit beständigen Zurufen begleitet.
kilozo, That.
kilu, Durst; bulwa ni kilu, dürsten.
kilumbu, Liebhaber; eigentlich Schwesterchen, vergl. lumbe.
kilungo, Pl. vi-, Gelenk.
kilungu, Pl. vi-, Wurzelknolle; Yams.
-kima, springen; aufschichten; kukima mavinti, knien; kukima shindo, stampfen.
kimazimazi, nass.
kimba, Pl. vi-, Leichnam.
kimori, Schürze.
-kina, fallen; vergl. kugwa.
-kinda, parieren, abwehren.
kindele, weibliche Art, mwana ywa kindele, Tochter.
-kindila, zurückhalten, hindern.
-kingama, flach sein.
-kingamka, breit sein.
kingamo, Ebene.

kininga, Augenstern.
kinko cha mkono, Pl. vi-, Ellbogen.
kinolo, Pl. vi-, Wetzstein.
-kintana, begegnen.
-kintanisha, versammeln (Leute).
kintu, Pl. vi-, Ding.
kirumbi, Zauber für ein Lager (vergl. fingo und kago).
kishashulo, Frühstück.
kishima, Brunnen.
kishindo, übermorgen.
kishiwa, Insel.
kishumo, Kehrichthaufen.
kishungo, Knopf; Gefängnis.
kisimatwi, taub.
kisua manga, Taube.
kisufulia, Pl. vi-, eiserner Topf.
kisusa, Pl. vi-, Skorpion.
kitako, Gesäss.
kitala, Gehöft des Häuptlings.
kiti, Pl. vi-, Stuhl.
kitindi, Armring.
kiumbe, Schöpfer.
kiunu, Hüfte.
kivoko, Anfang.
kivyele; mwana ya kivyele, Tochter.
kiwele, Pl. vi-, Euter, vergl. mele (ma-ele).
kiwiwi, Pl. vi-, Böses, Sünde.
kiza, Dunkelheit, Neumond.
kizana, Küchlein.
kizinga cha moto, Feuerbrand.
kizisho, Neid (wörtlich: Äuglein, vergl. Suah. kijicho).
kizokwa, Pl. vi-, Scherbe.
kizongolo, Würmchen.
kizugwilo, Öffnung (eines Brunnens).
kizuli, Schatten, vergl. mpungo.

kizumbe, Häuptlingsart; -a kizumbe, königlich.
kizungu, Schwindel; ana kizungu, er ist schwindlig.
koa, Pl. ma-, Hülse (der Frucht).
kofia (Arab.), Hut.
koko, Pl. ma-, Kürbis.
kikolwe, grosse, grüne Eidechse mit rotem Kopf, vergl. gondo.
-kola, scharf werden.
-koleza, satt werden; vergl. -eguta.
-koleza, anzünden.
kolo, Pl. ma-, Wurzelknolle; legende Henne.
kolokolo, Pl. ma-, Ameise, vergleiche mshwa und silafu.
-kolola, husten.
kolongo, Thal.
-kolwa, trunken sein.
-koma, tödten; kukomwa ni mazi, ertrinken.
-komela, für jem. tödten.
kombe, Pl. ma-, Fingernagel.
-kombola, lösen, erlösen.
kome, Stock (der Frauen).
konde, Pl. ma-, Faust.
kondo, Gefahr.
kondo, Pl. ma-, Nashornvogel.
kongo; mwezi kongo, zunehmender Mond (bis zum ersten Viertel).
kongo ya shikilo, Gehörgang.
kongomelo, Adamsapfel.
kongoni, eine Antilopenart.
kono, Pl. ma-, Arm (eines Flusses).
-konya, falten, aufrollen.
-konyeza, die Augenbrauen in die Höhe ziehen, die Stirn runzeln, winken.
konyikonyi; kugenda —, hinken.

konyoko, Handgelenk.
-kopa, borgen.
-kosa, fehlen.
kosogolo, Schafbock; vergleiche ndorome.
kovu, Pl. ma-, Narbe.
-koza, pissen.
kozi, silbergrauer Adler.
kozo, eine Feldmaus.
kozwe, Schnecke.
-kuhi, wo? na kuhi, wohin?
-kuja, dort.
kukunishi, Raupe.
-kukutika, straucheln.
-kula, wachsen, gross werden.
kuli, Hund.
kulo, wilder Ochs.
-kulu, gross, hoch; nyumba nkulu.
kulume, rechts: -a kulume, rechter.
kulungu, eine Antilopenart.
kulwa, Daumen.
kumbe, sicherlich!
kumbi, Wächterhütte im Felde.
kumbizi, Stolz; Streit.
kumbwaga, Rock.
kumosho, links; -a kumosho, linker.
-kunda, wollen, wünschen, begehren; lieben.
kunde, Bohnen.
-kundisha, lieben.
-kunga, rund sein, krumm sein; biegen (?).
kungu, Pl. ma-, Felsen, Schlucht.
kungu, Knöchel; kungu ya iswi Kniescheibe.
kungu, (Frucht-) Kern.
kungulu, Pl. ma-, Rabe.
kunguni, Wanze; vergl. pahasi.
kungwe, einige.

kungwi, Eule.
kunushi, hienieden, hier unten(?).
-kunya fula, sich runzeln (Stirn).
-kupula, leeren.
-kusula, ausstrecken.
kuti, dass (nach „wissen, sehen, glauben" etc.).
kutu, Pl. ma-, süsse Kartoffeln.
kuwi, Pl. ma-, Schildkröte.
kuyamba, eine Art Klapper.
-kuza, wachsen machen, hervorbringen.
kuzasha, Morgen; vergl. -sha.
kuzashwa, Abend.
kuzinıu, Geisterreich.
kwa, mit (instrumental), durch, wegen.
kwai, warum?
kwale, wildes Geflügel.
kwanga, Leben.
-kwela, klettern, steigen; steil sein.
-kwelwa cf. maya.
kweli, Wahrheit; (Adv.) sicherlich, gewiss.
kwempaga, Dach.
-kweza, hinaufbringen.
-kwila, stossen.

-laga, Abschied nehmen.
-lagana, sich voneinander verabschieden.
-lagila mulungu, Gott(beim Schwur) anrufen.
-lagiliza m., jm. befehlen.
-lagula, zaubern.
-laha, strafen.
-lambita, lecken; vergl. -sona.
-lamula. richten (Kis. -amua); vgl. masa.

-lana (Arab.), fluchen.
-landa, -landula, antworten.
langa, Pl. ma-, Loch, Fensteröffnung.
-langa, zählen.
langaila, Licht.
-langazika, glänzen, erscheinen.
-lasha, treffen (m. d. Pfeil), verletzen, verwunden.
lasi, Bambu.
-lavya u. *lava, ausgehen lassen; übergeben, ausliefern.
-lavya mlomo, befehlen.
-lavya suguti, schwitzen.
-lawa, ausgehen, hinausgehen, aufgehen(Sonne); kwelawa zua, Ost.
-lawila m., zu jm. hinausgehen.
-le, lang; vergl. Kis. re-fu.
leba: kuhetela leba, jem. verraten.
-legela, locker, lose, weich, schwach sein.
-leha, tief sein, lang sein.
-leka, lassen,verlassen, allein lassen; verzeihen, vergl. -lekela.
-lekana, einander verlassen.
-lekela, vergeben.
-lela, erziehen.
lelo, heute.
-lemu m., jm. unmöglich sein.
-lemela, sich weigern, verbieten.
-lemeza (m. k.), jm. etwas verbieten, ihn von etwas abhalten.
-leta, bringen; Pass. letigwa. —
-letela jm. bringen.
-ligana (na), gleich sein.
-liganya, gleich machen, ebenen.
-liganyiza, zubereiten.
-ligwa, gegessen werden.
-liha, bezahlen.

-lila, weinen. schreien, heulen, bellen.
-lilisba, sehr weinen.
-linda ndege, Vögel verscheuchen.
-lindila, lauern.
-lisha, Pass.: -lishigwa, füttern, weiden (Vieh), hüten.
-loa, angeln.
-lolela = olela.
-lomba, bitten um.
-lombela m., für jm. bitten oder werben.
-lombeza, bitten; -lombezalombeza, immer betteln.
londa, Pl. ma-. grosses Geschwür, wunde Stelle.
-londa, suchen; -londalonda, dass.
-londela m., für jm. suchen.
-longa, sprechen, reden, sagen; kadaha longa, er ist stumm.
-longa yombe, Handel treiben.
-longana, miteinander sprechen.
-longela, schelten.
-longesha, laut sprechen.
-longola, vorangehen (jemandem = Acc.).
-longoza, führen, leiten.
longozi, vorn.
-loshigwa, träumen; vgl. sozi und -lota shozi.
-lota, kalt sein; mazi yelota, kaltes Wasser.
-lota shozi, träumen.
loya, Pl. nyoya, Feder.
lua, Pl. ma-, Blume, Blüthe; lua ndodo, Knospe.
luazoluazo, krumm.
lubala, Viehtränke.
lubambala, Donner.
lubazu, Pl. mbazu, Rippe.

lubua, Maisfeld.
luchungi, das dem Mschambaa charakteristische Löckchen auf der Mitte des Scheitels.
ludezu, Pl. ndezu, ein Barthaar.
lufea, Pl. fea, Horn.
lufili, Pl. fili, ein Haar.
lufovo, Pl. fovo, Blatt.
lugata, Gefäss zum Pombetrinken (eine mit kurzem Stiel versehene Kokosnuss); vergl. tumbi.
luge, Sehne (schwache); vergl. zuge.
lugole, Pl. ngole, Schnur, Strick, Sehne (des Bogens); lugole lwa kiloa, Angelschnur.
lugula, Pl. ngula, Schienbein.
-lugusha. grüssen; besuchen.
-lugushana. einander begrüssen.
luhambalawe, Felsplatte.
luhawa, ein Löffel aus halber Kokosschale; vergl. lwiko und zomolo.
luhusa = ruhusa (arab.), Erlaubnis, Urlaub.
luiza, Dunkelheit (vergl. Suah. g-iza).
-luka, flechten: kuluka luzi. spinnen.
lukando, Wand, Mauer.
lukingo, Pl. nkingo, Haut (im Bondeï Ochsenfell).
lukoa, Pl. nkoa, Riemen.
lukolola, der Husten; kuwa na lukolola, den Husten haben.
lukumbito (lwa zisho), Pl. nkumbito za mesho, Augenlid.
lukumela, Dachtraufe.
lukungu, Rand.
lukuni, Pl. nkuni, ein Stück Brennholz.
lukuta, Pl. nkuta, Mauer.

lukuvu, Pl. nkuvu, Nabel.
lulimi, Pl. ndimi, Zunge; kuwa na lulimi, lügen.
-luluma, brüllen (wilde Tiere).
-luma, beissen; schmerzen.
-lumbila, springen.
lumbu, Schwester; — ywa kigoshi, Bruder.
-lumiza, jm. verletzen; vergl. umilwa.
lumosho; vergl. kaula.
lumuliko, Blitz.
lungo, flacher, runder Korb aus Bambus.
lungohe, Pl. ngohe, ein Haar der Augenwimpern.
-lungulika, rot sein, gelb sein.
Lunguza, Sansibar.
lunindi, Stock zum Feuermachen durch Reiben.
lupanga, Pl. mpanga, Schwert.
lupondo, Pl. mpondo, Schifferstange.
lusazi, Bett; Strick.
lushalu, Pl. shalu, Perle.
lushawi, Pl. shawi, Gift.
lushe, jetzt; ivilushe, soeben.
-lushi, nackt.
lushumo, Saum.
lusona, Fest.
lutandafu, Hüfte.
luti, Speerschaft.
lutimbo lwa shalu, Perlenschnur.
lutoshi, Scheitel (des Kopfes).
lutwi, Verstand; vergl. mutwi, gutwi.
luumo, Pl. nyumo, Rasirmesser.
luuo, Pl. nyuo, Scheide.
luuta, Pl. nyuta, Bogen.
luvi, Pl. nyuvi, Thür.

luvumbi, Pl. vumbi, Staub.
luvundo, übler Geruch; kunusa luvundo, stinken; vergl. vunda.
luwangwa, Wüste, unfruchtbares Land.
luwingu, Pl. wingu, Wolke; Himmel.
luzi, Faden, Zwirn.
luzigi, Pl. zigi, Seil, Tau.
luzwi, Kummer, Betrübnis.
lwambaloi, Rand (am Felde).
lwamwiagulo, Abend.
lwashu, Lärm.
lwayo, Fusssohle, Fussspur, Fuss, Ferse, Hacke.
lwazu, Seite, Teil.
lwazu lwa, an der Seite, neben.
-lwela, ertragen, aushalten.
lwigo, Zaun.
lwiko, (kleiner Holz-) Löffel; vergl. zomolo und luhawa.
lwitangilo, Name, Kennzeichen.

mabongo (Pl.), Butter.
madandi, Treppe.
magogweno ya kifua, Schlüsselbein; vergl. malinga.
mahiku, Stolz; ana mahiku, er ist stolz.
mahuti, Bananen.
maishi, unreif.
-maka, sich wundern.
makati, Spreu.
makero oder makerokero, morgen; kucha makero, morgen früh.
malaika (Arab.), Engel.
malape (Pl.), Eid; kulonga oder kuja malape, schwören.
maliho, Bezahlung.
malinga ya sala, Schlüsselbein.

mambu, Krokodil.
mambele (na k.), vor (örtl.).
mambeza, Lüge; ana mambeza, er ist falsch; kulonga mambeza, lügen.
mambo, Dinge, Sachen, Angelegenheiten.
mame, meine Mutter (Anrede der Mädchen; vergl. mlala).
manga, Kassava.
mangala, Fisch; vergl. samaki.
mani, Gras.
manimani, grün.
manjaku, Hyäne; vergl. bau.
mantu, Kehricht.
manunu, Ohrläppchen.
-manya, verstehen, erkennen.
-manyiza, wissen.
masa, Gericht (?); kulonga masa, richten.
mashafi, Gestrüpp.
mashaza, gekochter Reis.
mata, Waffen.
mate, Speichel.
maunde (Pl.), Wildpret.
mavi, Koth.
mavuni (Pl.), Schmerz.
mavuta (Pl.), Fett, Öl.
maya, Zorn; kubulwa ni maya, kugua maya, kukwelwa ni maya, zürnen.
mayombe (Pl.), Handel, Geschäfte.
mazi (Pl.), Wasser.
mazu, daneben; mazui, davor, vorn; (ha) mazu ya, vor.
mbago, kuhita mbago, seine Notdurft verrichten.
mbali, Volk, Geschlecht, Familie.
mbalika, weibl. Ziege.

mbambazi, Käfer.
mbatizaji (ein von den Missionaren gebildetes Wort), der Täufer.
mbavi, Pl. wa-, Dieb.
mbazi, Mitleid.
mbazu, Seite des menschlichen Körpers; vergl. lubazu.
mbega, schwarzer Affe mit weisser Mähne.
mbeyu, Same.
mbila, Grab; kumwika muntu mbila, jem. begraben.
mbilu, eine richterliche Persönlichkeit, zugleich Fremdenwart; vergl. mtawa.
mbishi, Pl. wa-, stolz.
mbishi, siehe wishi.
mbiwi, siehe -wiwi.
mboga, Pl. dass., Zukost.
mbogo, Pl. wa-, Büffel.
mbolushi, Pl. wa-, Araber.
mboni wa zisho, Augapfel.
mboto, Fülle, Segen.
mbu, Fieber; vergl. ahuma.
mbuguni, Strauss; vergl. buguni.
mbuli, Wort, Sprache, Angelegenheit, Rath.
mbulu, grosse Eidechse.
mbuya, Blutsfreund; mbuyangu, mbuyao, mbuyae, mein, dein, sein Bl.
mbuu, Moskito.
mbuzi, Ziege; vergl. fulata, togota, mbalika, fyele, nine ya mbuzi.
mbwai, was? warum? auch ni mbwai.
mbwanga, Pl. wa-, Jüngling.
mewewe, Blei.
mdala, Greis.

mdali, Pfeil mit Eisenspitze: vgl. muvi.
mdimi, Pl. wa-, Hirt.
mdisi, Koch.
mdoe, der neben dem Häuptling stehende oberste Beamte, der die Klagen annimmt und dem Häuptling überbringt; vergl. mtawa.
-meka, funkeln, glitzern (wie die Sterne).
-mela, gewinnen.
mele, Milch.
-mema, voll sein.
-memeza, füllen.
mende, grosse Feldratte; vergl. puku.
menya, Eisenstaub, der aus Flusssand gewonnen wird.
-merimeta, glitzern, funkeln.
-meza, verschlingen.
mfuko, Pl. mi-, Sack.
mfungwa, Herr; Beamter.
mganga, Arzt.
mgati, Pl. mi-, Brot, Kuchen.
mgeni, Pl. wa-, Fremder, Gast.
mgoli, Pl. wa-, reicher Mann.
mgonezi, Prophet.
mgongo, Pl. mi-, Rücken.
mgoshi, Pl. wa-, Mann.
mgua, Zuckerrohr.
mguha, Bürge.
mgunda, Feld.
mgundu, Pl. wa-, Greis.
mia, aber.
mihisa, kugenda mihisa, niesen.
minga, Zeit; minga iyo, sogleich; minga yoshe, immer; minga ya, damals, dann.
minyanyi, Pl. List, kluger Einfall, Plan.
miyayu, das Gähnen; kugenda miyayu, gähnen.
mkale, Pl. wa-, Jäger.
mkale, Pl. wa-, Vorfahr.
mkauzi mlamulo, der Orakelbefrager.
mkaza, Gattin; mkaza mkulu, Schwägerin; vergl. wau.
mkebe, Pl. wa-, kleines Kind, Säugling.
mkeka, Matte.
mkila, Schwanz.
mkiwa, Pl. wa-, Bettler, Arme.
mkoa, Gürtel.
mkologwe, Pl. mi, Bananenkuchen.
mkolomaza, Pl. wa-, ein heftiger, gewaltthätiger Mensch
mkondo, Pl. wan-, Krieger.
mkono, Pl. mi-, Hand, Arm.
mkozi, Pl. wa-, Trunkenbold.
mkufu, Pl. mi-, Kette, vergleiche muyolo.
mkwazu, Pl. mi-, Tamarinde.
mkwe, Schwiegervater oder -mutter; Schwiegersohn oder -tochter.
mkwelo, Leiter.
mlala, meine Mutter, nur von Knaben gebraucht, vergl. mame.
mlala mkulu (die ältere), mlala mdodo (die jüngere) Vatersschwester.
mlamu, Schwager.
mlamulo, Pl. mi-, kleine Holzstückchen zum Wahrsagen, Orakel.
mlamuzi, Pl. wa-, Richter.
mlasi wa pula, Nasenloch, vergl. sira ya pula.

mlau, Gesandter.
mlenge, Mondlicht.
mlima, Berg.
mlimi, Pl. wa-, Ackersmann.
mlingoti, Mast.
mlishi, Hirt.
mlomo, Pl. mi-, Lippe, Schnabel.
mlomo wa kenya, Oberlippe, mlomo wa ishi, Unterlippe.
mlongo, Pl. wa-, Lügner.
mlongozi, Führer, vergl. kilongola.
mluasi, Pl. mi-, Bambus; vergl. lasi.
mludu, Pl. wa-, Insekt.
mlugojo, Pl. wa-, Aufwärter, Diener.
mluku, ein Wesir.
mluli, Flöte.
mlulimi, Pl. wa-, Lügner; vergl. kulonga lulimi.
mlume, Pl. wa-, Gatte, Ehemann.
mlundi, Pl. mi-, Fuss, Bein.
mlungu, Pl. mi-, Gott.
mluwa, Pl. mi-, Gerte.
mumelo, Kehle; ana mumelo, er ist gierig; — St. giebt mmelo, Pl. wa-, glutton.
mnara (arab.), Turm.
mundele, Pl. wandele, Mädchen.
munyanyi, Pl. wa-, listig, geschickt.
munkulu, Pl. wa-, Feind.
munyau, Katze.
munyilisi, Pl. wa-, Landstreicher.
munyolo, Pl. mi-, Kette; vergleiche nyolo.
munyozu, Thau.
-moga, rasieren.
monotu, jüngerer Bruder; jüngere Schwester.
mori, Kalbe.
moshi, Rauch.
mosie (Anrede), Freund, Lieber.
mosuenye, guten Tag!
moto, Feuer.
moyo, Pl. mioyo, Herz: Fruchtkern; kuwa moyo, lebendig sein.
mpanga, Höhle.
mpasha; wana wa mpasha, Zwillinge.
mpazi, Erbe.
mpcho, Wind; Kälte.
mpelu, eine Feldratte; vergL puku.
mpula, Nase.
mpuna, Sklave.
mpungo, Schatten; vergl. kizuli.
mshahara (Arab.), Lohn.
mshanga, Sand; vergl. shanga.
mshawi, Zauberer (Wb. schreibt mshai).
mshilagi, Schmied.
mshizigo, Pl. mi-, Spiel.
mshongozi, Zimmermann.
mshozi, eine Vogelart.
mshumba, Pl. wa-, Sklave.
mshwa, Termite.
msolo, Saum (eines Kleides).
msomo, Eisen; vergL kilama.
msumali (Arab.), Nagel.
msumi, Schneider.
mtafi, Träger, Reisender.
mtambo, Pl. wa-, Reisender.
mtamu, der Kranke.
mtani (Wb.), eine Vertrauensperson des Häuptlings, an welche sich alle wenden, die den Unwillen desselben fürchten. Der zumbe bespricht mit ihm alles, verbirgt ihm nichts; er hinwiederum hat das Recht, dem zumbe alles zu

sagen und freimütig mit ihm zu sprechen.
mtawa, Pl. wa-, Richter.
mtego, Pl. mi-, Falle.
mtini (arab.), Feigenbaum.
mtoho, Pl. mi-, Mörserkeule.
mtumba, Pl. wa-, Oheim (mütterlicherseits, vergl. tate).
mtungwa, Sklave.
muhaka, Grenze: -shenga muhaka, eine Grenze ziehen.
muhemba, Kafferhorn.
muhi (= kuhi und bahi), worin? wo?
muhindo, Riegelbalken an der Hausthür.
muhindulo, Ecke, Winkel.
muhingo, Ebenholz.
muhini, Griff, Handhabe.
muhunga, Reis.
mubuye, Atem.
muhuza, Gottloser.
muke, Ehefrau.
-mulika, glänzen.
mumo, darin; a mumo, er ist darin (im Haus z. B.).
mungoi, der Platz fürs Vieh in der Hütte.
munkondo = mkondo.
muno, sehr.
muntu, Pl. wa-, Mensch.
munyu, Salz.
mushi, Pl. mishi, Tag; mushi mkulu, Mittag; mishi yoshe, immer.
mushu, Mehl.
muti, Pl. miti, Pflanze, Holz, Baum.
muto, Pl. mi-, Fluss.
mutwi, Pl. mi-, Kopf; zua jizabula mwe mutwi, Mittag.

muvi, Pfeil; vergl. mdali.
muye, siehe muhuye.
muzi, Dorf.
muvyele, Pl. wa-, Weib.
mviga, (Volks-) Fest; vergl. aber -osha.
mviko, Gebet, Opfer.
mvinyo, Wein.
mvuha, Pl. mi-, Knochen; vergl. vuha.
mvuna, jüngerer Bruder; vergl. mouetu.
mvungu wa lusazi, der Raum unter dem Bette.
mvuo, Pl. mi-, Blasebalg.
mwaka, die zweite Regenzeit, ca. Febr. bis Mai; das Jahr; vergl. mzuguti, nyota, vuri.
mwalimu (Arab.), Lehrer.
mwambashi; vergl. mtawa.
mwana, Pl. wa-, Kind; mwana ya kigoshi, Sohn; mwana mdele, Tochter; mwana mkulu oder mwana mdodo, Neffe, Nichte.
mwangoto = mwana ngoto, Lamm.
mwaya, Freund.
mwazi, offen.
mwazigani, Kundschafter.
mwenye, selbst.
mwenyezi, Wirt.
mweshu, Nachbar.
mwezi, Mond; mwezi uzakula, Vollmond; mwezi uzafa, Neumond; vergl. gotola, kongo, chelwa, kizu.
mwezukulu, Enkel.
mwezuzi, Schirm.
mwiko, jedes Tier, dessen Genuss einer bestimmten Person verboten ist.

mwili, Pl. mi-, Körper.
mwiwa, Pl. miwa (statt miiwa), Dorn.
mwivanishi, Vermittler; vgl. ivana.
mwoki wa mikate, Bäcker.
-myaga, zerstreuen.
mzigi, Arznei.
mzimu, Pl. wa-, abgeschiedener Geist, Ahne.
mzimuzimu, Pl. wa-, närrisch, besessen.
mzinga, Bienenkorb.
mzingo, Pl. mi-, Geruch.
mzitu, Wald; -a mzitui, wild (Tier).
mzono, Ölpalme.
mzuguti, die heisse Zeit, Übergang zur Regenzeit, ca. Sept. und Okt.: vergl. nyota, vuri, mwaka.
mzungu, Pl. mi-, Streich, Kniff.

na, und (Konj.): mit (Begleitung, Präp.).
nahi, woher?
naho, noch; kaili naho, wieder.
nakuna, dorthin; nakunu, hierher.
namu. eine Gazellenart (sehr gross); vergl. ngondi, songoli, shwala, shambi, funo, pala.
nauge, Flaschenkürbis; vergl. bela.
nase, aussen, hinaus, heraus.
nashi, herab, nieder.
ndu; kutenda ndu, schwanger sein.
nda (Adv.), darin.
ndai, wer?
ndama, Kalb; vergl. mori.
ndea, Giraffe.
ndege, Vogel.
ndema, Fledermaus.
ndezu, Bart.

ndidi, Wahrheit, Gewissheit; Adv. sicherlich.
ndidimo, Erdbeben: vergl. -tetema.
ndima, Arbeit; kulonga oder -gamba ndima, danken; kugoshola ndima, arbeiten.
ndivyo, ja; so.
ndorome, Schafbock, wenn er Hörner bekommt, vergl. kosogolo.
ndugu, Bruder; ndugu mkulu, älterer Bruder; Pl. wa-, Verwandte.
-neneha, fett sein (von Pers.), vergl. -gimbala.
-ngahi, wie viele?
ngahu, Korb; vergl. ntezu.
-ngala, glänzen, scheinen, weiss sein.
ngamea, Kamel.
ngandu, Messingdraht.
ngano, Erzählung.
ngao, Schild.
-ngaza, weiss machen.
ngazi, Tante; vergl. mlala.
ngeleza (arab.), Gefängnis.
-ngi, viele.
ngoda, Stock.
ngogo, Marder.
ngohe, Augenwimpern.
-ngoka, fliehen.
-ngola, herausziehen.
ngoma, Trommel.
ngombe, Rind; vergl. kambaku, palala, nine, goma; mori.
ngondi, eine Gazellenart: vergl. namu, songoli, shwala, shambi, funo, pala.
-ngosha, in die Flucht schlagen.
ngoshwe, Hausratte.

ngoto, Schaf (allg. Bez.); vergl. samba, nine ja ngoto, kosogolo, ndorome, tule ya ngoto.
nguku, Huhn (Gattungsbez.)
nguluwe, Schwein.
nguo, Zeug.
ngushu, Geier.
nguvu, Kraft, Stärke; ana nguvu, er ist stark.
nguzu, bald, schnell.
nguzunguzu (Adv.), eilends.
ngwato, Feuerzange.
ngwiya, Freund; ngwiyangu, mein Freund; ngwiyao, dein Freund; ngwiyae, sein Freund.
nine, seine Mutter; nine ya mbuzi Ziege (weibl.); nine ya ngoto, weibl. Schaf.
nini, warum? (häufig ans Satzende gestellt).
-nishua mate, ausspucken.
njama, Geheimniss; (Adv.) im geheimen.
nkanu, Marder.
nkazu, Kleid, Rock.
nkili, Stadtthor (?).
nkoi, Land, Feld.
nkondo, Krieg.
nkulo, wilder Ochs.
-nola, schleifen, wetzen.
-nona, fett sein (v. Tieren; vergl. -gimbala und -neneha).
-nongoneza, flüstern.
nta, Wachs.
ntanu, Sachen, Güter, Vermögen.
ntego, Falle (= mtego).
ntezu, Körbchen; vergl. ngahu.
ntibuko; ana ntibuko, er ist mtide.

ntogo (von toga), Härte, Schwierigkeit; kuna ntogo, es ist schwer.
ntogota, Ziege.
ntondwe, Stern.
ntulwe, Ruheplatz.
ntunda, Frucht.
nundu, Höcker.
nungwi, Stachelschwein.
-nunka, stinken.
-nwesha, trinken lassen, bewässern.
nyama, Pl. id., Fleisch, Tier.
-nya; fula yanya oder kuzanya fula, es regnet.
-nyamala, schweigen.
nyani, grosser Affe; vergl. mbega, nyashu, tumbili, pelele.
nyashu, eine Meerkatzenart; vergl. tumbili.
-nyatila, 1. auflauern, 2. weglaufen.
nyavu, Netz.
-nyegela, sauer sein.
nyika, Wildnis.
-nyilika, weglaufen.
-nyima, verweigern.
-nyimila (m. k.), jem. etwas verweigern.
-nyoa, schälen.
nyoka, Schlange.
nyoki, Biene.
nyokwe, deine Mutter; vergl. nine, mama, mlala.
nyolo, Kette; vergl. mnyolo.
nyombe, grauer Reiher; vergl. pule.
nyonga, Oberschenkel.
-nyonge, schwach.
nyongo, Galle.
nyongolo, Hundertfuss.
nyota, die kalte, trockene Jahres-

zeit, ca. Juni bis Sept.; vergl. mzuguti, vuri, mwaka.
nyoyo, Huf.
nyuge, Ader; vergl. zuge und luge.
nyuko, ein Bündel Bananen.
nyuma. rückwürts, hinten; nach, hinter; nyumai. später.
nyumba, Hütte, Haus; Zimmer; Teile der Hütte sind kifigwe, mungoi, sasai, zikoi, talai.
nyundo, Hammer.
nyungu, Topf.
-nyuta, ziehen; vergl. vuta.
nywa, trinken; St. schreibt -nwa.
-nywela (na k.), trinken aus.

o, oder; vergl. hambu.
oga, Furcht; kufa m. oga (Pass. -figwa oga), jm. fürchten.
-oga, feige.
-ogelea, baden.
-ogoha, fürchten, sich fürchten.
-oka, brennen (tr.); backen.
-okela, brennen (tr.); kwokela moto, etwas (zum Kochen) ans Feuer setzen.
-okola, befreien.
-ola, faulen.
-olela, sehen.
-olelana, einander anblicken.
-omboka, überschreiten.
-ombosha, überschreiten lassen, übersetzen.
-omesha, Passiv omeshigwa: nähren.
-ona, sehen, finden; im Perfekt ene.
-onana, einander sehen, treffen, begegnen.
-oneka(na), sichtbar werden, erscheinen.

-onela (m. k.), für jm. etw. suchen.
-ongeza, hinzufügen.
-onka, saugen.
-onyesha, zeigen.
-osha mviga, aufhören zu trauern (um einen Todten).
-oshe, alle.
ovu, Wespe.

pahazi, Wange.
paka, bis dass.
pala, eine Gazellenart (klein, silbergrau); vergl. namu.
-pala, erben.
palala, Ochs.
palahole, leise; langsam.
panda, sila panda, Kreuzweg.
-panda (mwe), steigen (z. B. auf ein Reittier).
-panga, teilen, trennen.
pango, ein Streichinstrument.
-papatika, mit den Flügeln schlagen.
pasi, Heuschrecke.
pelele, Maki, Nachtaffe.
pemba, Pl. ma-, Mais.
pembo, Speerklinge.
pepo, Pl. ma-, Dämon.
pete, Pl. ma-, Ring; vergl. sovi.
pia, alle.
pilipili, Pfeffer.
pingili, Rückgrat.
pingu, Pl. ma-, Amulet.
pofu, Gnu.
-pokosa, flüstern.
polopolo, Kugel.
pombe, Bier.
pome, (Pflanzen-) Saft, Blut; vergl. sakami.
povu, Schaum.

-poulika, fliegen.
-puchuka, gerupft werden.
puku, Feldratte; vergl. mende, shishi, mpelu, kozo, kadala.
pula, Pl. id., Nase.
pule, weisser Reiher; vergl. nyombe.
punda, Esel (kleiner Schlag); Zebra; vergl. jowe.
pwai, Strand.
-pwinkuka, hellwerden (?).
-rubika, bedecken, einwickeln.
sa, wie.
sakame, Blut.
sala, Hunger; kuwa na oder bulwa ni sala, hungern.
samaki (Arab.), Seefisch.
samba, weibliches Schaf; vergl. nine ja ngoto.
-sanganya, (solo) tanzen; vergl. kuvina und kufefela.
sasa, Nest.
sasa, Pritsche; sasai, die Schlafstätte in der Hütte.
-sasa nkuni, Brennholz sammeln.
-sha, aufgehen (Sonne) = kulawa.
shafu, Pl. ma-, Wade, Unterschenkel.
-shagula, wählen.
-shaka, treiben (Vieh).
shakailo, ein abgetragenes Kleid, überhaupt etwas abgenutztes.
-shakala, alt, abgenutzt, abgetragen werden.
-shakisha, treiben lassen (Vieh).
shale; kushenga shale, schröpfen; mit der Stammesmarke versehen.
-shama, umziehen, die Wohnung wechseln.
shambi, eine Gazellenart; vgl. namu.
-shana, schmieden.
shanga, Erde, Staub; vergl. mshanga.
-shangala, hinken.
shangalagala, Sand.
-shashula; nkande za kukishashula, Mittagessen.
shawa, Blei.
sheja, jenseits.
-sheku, lachen; verspotten.
shekela; meno ya shekela, Schneidezähne.
sheko, Pl. ma-, Lachen.
-shela, herabsteigen, herabkommen.
-sheleza, hinabbringen, herablassen.
shembe; (Bo. sembe), gereinigter Reis.
shemzuli, Spitzmaus.
-shenga, schneiden; verletzen, verwunden (m. d. Schwert); kushenga mbuli, entscheiden.
-shentuka, sich wundern.
sheshe, der Beamte, welcher die Richter beruft.
sheshe, Pl. ma-, Funke.
-sheziga, spielen, tanzen.
shezo, Pl. ma-, Axt.
shi, Land.
-shigala, übrig bleiben.
shige, Pl. id., Augenbraue.
shikilo, Pl. ma-, Ohr; vergl. gutwi.
-shila, fertig sein.
shimba, Löwe.
-shimbuka, zornig werden.
-shimbukila (m.), jm. zürnen.
shime, Dolch, Schwert.

shina, Baumstamm.
-shinda, sich abmühen.
-shindika, bewegen, rücken.
-shindilia, laden (eine Schusswaffe).
shindo; kukima shindo, stampfen.
-shigala, übrig bleiben, zurück-
-shingiza, schütteln. [bleiben.
shingo, Pl. ma-, Hals.
-shinshema, lahm sein; vgl. -chentela und -sika.
shirikali, Pl. wa-, Soldat (pers. serkar).
-shirikiza, folgen (zeitlich).
shishi, eine Feldratte; vergl. puku.
-shishila, salben.
-shishili, schmal, dünn, eng.
-shita, verstopfen.
-shituka, verstopft werden.
-shivu, fertig, bereit (Bo. sivu).
-shize, siehe -size.
shizi, Rost; vergl. kanga.
sho, nein.
-shokela, mager sein.
-shoma, verletzen, verwunden (mit dem Speere; vergl. -shenga und -lasha).
-shonga, flechten; vergl. -luka.
-shongeleza, streifen.
-shongola, aushöhlen.
shoni, Scham, Bescheidenheit; kuwa na oder kubulwa ni shoni, sich schämen.
-shozela, kleben; mager sein.
shozi, Pl. ma-, Thräne.
-shuga, pflegen, versorgen, zähmen; azashugwa, er ist zahm.
-shuha, stumpf sein.
shui, Panther, Leopard.
-shuka, hassen; sprossen.

-shukizigwu, hassenswert sein.
shuke, Kleid, Zeug; kushuma shuke, weben.
shuke, Pl. ma-, Ähre; vgl. gota.
shuma, Pl. ma-, Herde; vgl. ifyo.
-shuma, nähen.
shumba ya moyo, Milz; vergl. luwengo.
-shumila (m. k.), jm. etw. nähen.
-shunda, ermahnen.
-shunga, binden, schliessen (die Thür); sieben (durch Schütteln).
-shunganya, aufladen.
-shungila, acht geben.
-shungu, bitter.
-shungula, öffnen, aufmachen; vgl. -uza.
-shunguza, -shunguliza, sich beeilen. — shunguza (Adv.), schnell.
-shunta, treten; waschen.
shushi, Spross, Schössling.
shuti, es ist nötig.
shuza, Pl. ma-, Orange.
-shwa, untergehen (Sonne) = ingila.
shwala, eine Gazellenart, grösser als eine Ziege, rot, ohne Hörner; vergl. namu.
-shwezu, bewegen.
si, Fliege.
sibo, Stock.
-sika (Wb.), lahm sein.
sila, Weg.
sila ya pula, Nasenloch.
silafu, Wanderameise.
singano, Nadel.
-sisira, einschlafen, schlafen.
sivyo, nein.

-size, schwarz.
so, komm! soi, kommt!
-sogela, sich nähern (auch mit dem Zusatz na behi).
-sonu, lecken.
songoli, eine Gazellenart; vergl. namu.
sovi, Fingerring.
sozi, Traum; toigwa ni soni, träumen.
sua, Taube.
-sugula, reiben.
suguti, Schweiss; kulavya s., schwitzen.
-sulimiza, quälen.
-sumiza, lagern lassen (Kamele).
sumula, auftrennen; vergl. -shunga und -shungula.
suzi, Tigerkatze.
-tafuna, kauen.
-taga, verkaufen.
tagata, Schmutz.
tagi, Pl. ma-, Ei.
-tagiza (m. k.), jm. etw. verkaufen.
-taha, plündern.
-tahika, speien, erbrechen.
-taida, wissen, kennen.
-taililisha, erkennen lassen.
-taizi, weise.
tako, Pl. ma-, der Hintere.
-tala, zählen; -talila, vergl. taida.
tulu, Dach.
-talamka, zu Fusse gehen.
-tama, süss sein, gefallen.
-tamba, reisen.
-tambala, kriechen.
tambi, Pl. ma-, Ast, Zweig.
-tambika, schwingen.
tambo, Pl. ma-, Reise; kuhita tambo, auf Reisen gehen.
-tamila m., jn. erfreuen, ergötzen, ihm gefallen.
-tamilwa, sich freuen.
-tamu, krank.
-tana, schön.
-tandala (ya kukanta), Schürze (?)
taandu, Tausendfuss.
tanga, kuekala tanga, trauern.
tanga, Feld, Pflanzung.
tango, Pl. ma-, Melone.
tangulu, Pl. ma-, Schüssel, Teller; Mattensack.
tanu, vergl. ntanu.
tashira, Hodensack.
tasi, Pl. ma-, Schlinge, Schleife.
tate, mein Vater; tate mkulu (ältere), tate mdodo (jüngere) Vaterbruder, Oheim; vergl. isho u. ishe.
-tatuka, zerbrechen, zerreissen (intr.); vergl. -tatula.
-tatula, abreissen, zerreissen, zerbrechen (tr.).
-tanya (Pass. -igwa), verwirren, in Unordnung bringen.
-tega, in einer Falle fangen.
-teganya, raten, vermuten, denken.
teganyi, Klugheit.
-tegela (nyama), einem Tier auflauern, ihm eine Falle stellen.
-tegeleza, aufpassen, horchen.
-tegula, heiraten (vom Manne); -tegulwa (von der Frau); -tegulana (von einem Paar); -tegulisha, verheiraten (von den Eltern).

-teka mazi, Wasser schöpfen.
-tekela m. mazi, für jn. Wasser schöpfen.
tekeloi, Schöpfplatz, Brunnen.
-telela, schlüpfrig, glatt sein.
-tema, sich hüten.
tembo, Elefant.
temo, Meissel; vergl. kembeu.
-tenda, thun; -tenda nda, schwanger sein; -tenda mavuli kumi na maili, 12 Jahr alt sein.
-tengera, sich betrinken.
tetela, Henne.
-tetema und -tetemeka; vergl. -didima.
-ti, sagen; nakuti, ich sage dir.
-tibuka, müde werden.
-tili, hartnäckig, eigensinnig.
tili, Pl. ma-, Stück.
tili ja mukono, Handgelenk; vgl. kilimbili und konyoko.
tindi, Pl. ma-, Banane (die Staude).
-tishigwa, erschreckt, überrascht werden.
-toa, schlagen, hauen, klopfen; Passiv: toigwa; -toa muluzi, flöten, cf. mululi; -toa vilondo, schnalzen.
-toana, kämpfen.
-toela mangala, fischen (durch Betäubung).
-toela, schwimmen.
tofali, Pl. ma-, Ziegel (arab.).
-toga, fest sein, zäh sein, hart sein; schwierig sein, teuer sein.
-togola, loben.
togota, weibl. Ziege; Hündin, die noch nicht geworfen.
tohe, wilde Ziege.

tombo, Pl. ma-, weibl. Brust; Euter.
-tongela, folgen; -tongelana, begleiten.
-tongeleza, denken, überlegen.
-tongoloka, rollen.
-tongomara, schweigen; vergl. nyamala.
-tongonyeza, denken.
tonte, Pl. ma-, Banane.
-tosha, genügen.
-toza oder -tozesha und -tozeza, halten, fassen.
tubwi, Grube, Loch.
-tuhu, anderer.
-tukana, schimpfen, lästern.
tukwa, Pl. ma-, Manguste.
tule, Ochs; tule ya mbuzi, kastrierte Ziege; tule ya ngoto, Hammel.
tuli, Pl. ma-, Mörser (zum Reinigen des Getreides).
-tulika, verderben (intr.); azatulika mesho, er ist blind.
tulo, Sitte, Gebrauch.
tulu; ana tulu ja zisho, er ist einäugig.
-tuma, schicken, senden.
-tumiza m., jn. holen lassen.
tumbi, ein Trinkhorn (Kuh- oder Büffelhorn) zum Pombetrinken.
tumbili, eine Meerkatzenart; vgl. nyashu.
tumbo, Pl. ma-, kleine Eingeweide; vergl. utumbo.
tunda, Pl. ma-, Frucht.
tundwi, Gestrüpp, Dickicht.
-tunga, stechen.
-tungiku, hängen.
tungo, Schöpflöffel (aus einem Flaschenkürbis geschnitten).

tuni, Pl. ma-, Messer.
-tuntusha, blind sein.
tupa, Feile.
-tutulika, aufsteigen (Rauch).
-twa, bereiten (?)
-twanga, Korn durch zerstossen reinigen.
twegeshe, Quelle.

ubada, Schlechtigkeit.
ubagibagi, Leichtsinn, Schamlosig- [keit.
ubani, Weihrauch.
ubishi, Stolz.
ubwanga, Jugend.
udala, Alter.
udodo, Kleinheit, Jugend.
ufira, Eiter.
-ufiza, verführen, betrügen.
ufu, Tod; vergl. -fa.
ufumwa, Häuptlingsschaft, Königtum.
ufungwa, Herrschaft.
-ufya, betrügen, täuschen; Pass. -ufigwa.
ugali, Reisbrei.
uganga, Zauberei; Medizinkunst.
ugima, Leben, Gesundheit; Vollständigkeit.
ugoli, Reichtum; vergl. mgoli.
ugono, Schlafplatz.
uhana, Breite.
uhele, Krätze.
uhuza, Unordnung; kuwa na uhuza, unordentlich sein.
uila, Lied, Gesang; kukema uila, singen.
ujadu, Beteuerung, z. B. mosie, sibawa, ati nizabawa, ujadu = Freund, ich habe nicht gestohlen! Wenn ich gestohlen habe — ujadu!
-uka, weggehen.
ukala, Jagd.
uki wa nyoki, Honig; uki wa migua, Syrup.
ukiwa, Armut, Trauer.
ukugu, Geiz; ana ukugu, er ist geizig.
ukulu, Grösse.
ulalo, Furt (Bo. Brücke).
ulanga, höchste Spitze; oben, hoch (Adv.)
ule, Länge.
ulimbo, Harz.
ulingo, eine Hütte in Pflanzungen, um die Vögel zu verscheuchen, oder um Schutz vor dem Wetter zu gewähren.
ulongo, Thon, Lehm.
ulongo, Lüge; kulonga ulongo, lügen.
-umana, streiten.
-umba nyungu, Töpfe formen: vergl. kiumbe.
-umbuka, Aussatz haben.
-umilwa, Schmerz empfinden.
umwemwe, Blitz; vergl. lumuliko.
-unga, wünschen.
-unganana, sich versammeln.
-unganyanya, versammeln (tr.).
ungi, Menge.
-usha, vertilgen, beseitigen; Pass. -ushigwa.
ushawi, Zauberei.
ushishiza, Schläfrigkeit.
usho, Gesicht.
ushu, Gier; ana ushu, er ist gierig.
ushulo, Ungehorsam, Widerspen-

stigkeit; ana ushulo, er ist widerspenstig.
ushungu, Bitterkeit; Gift.
usisiza = ushishiza.
uta, Pl. mata, Bogen.
utamu, Krankheit.
utana, Schönheit.
uteguzi, Hochzeit, Heirat.
utili, Hartnäckigkeit.
utuku, Morgenröte.
utumbo, Darm.
utungu, Schmerz.
utupa, Euphorbie.
uvizu, Trägheit; ana uvizu, er ist träge.
uwiwi, Schlechtigkeit, Laster.
uwizu, Eifersucht, Neid; kutendwa ni —, neidisch sein.
uwongo, Gehirn.
-uya, umkehren
-uza, fragen.
-uza, zurückbringen (von -uya); kuuza moyo, wieder lebendig machen.
-uzisha, jn. überzeugen.
uzumbe, Häuptlingsschaft.

-vaila, drohen.
-vanganya, mischen, vereinigen.
vea, Pl. ma-, Horn.
via, Sachen, Gepäck, Waren.
-vika, beten; -vikila, rel. von -vika; hakuvikila, der Betort (Altar).
vikuli, Augenzähne.
vikulu, laut (Adv.)
vilolo, Spiegel; Pl. von kilolo.
vilondo, vergl. toa.
-vina, (im Reigen) tanzen; vergl. kusanganya und kufefela.

vingi (Adv.), mehr, wieder.
vishivu, vergl. -ika.
vituhu, ein andermal, wieder.
vivihi, wie?
vivyo, so; vivyoho, ebenso.
viwiwi, schlecht (Adv.)
vizele, Schwalben.
-vizu, faul, träge.
vizi, Wasser.
-voka, der erste sein, beginnen.
-vonyongela, trübe werden (Augen).
-vota, besiegen, erobern.
-voteka, besiegt werden; nachgeben, bekennen.
-vua, sich schütteln; anbrechen (Morgenröte).
-vuguta mivua, den Blasebalg blasen.
vuha, Pl. ma-, Knochen; vergl. mvuha.
-vula shuke, die Kleider ausziehen.
vuli oder fula ya vuli, Pl. ma-, die erste Regenzeit, ca. Nov. bis Jan.; vergl. nyota, mzuguti, mwaka
vulu, Pl. ma-, Flusspferd.
vumbi, Pl. ma-, Staub.
-vumilila, ertragen, geduldig sein.
-vunda, verfaulen; vergl. luvundo.
vunga, Pl. ma-, Haar; vergl. lufili.
-vungula, blühen (?)
-vunila m., beistehen, retten.
-vunka, laut sein, lärmen.
vuri siehe vuli.
-vusha, rudern.
-vutika, schwellen, anschwellen (z. B. Fluss).
-vuvya, schütteln.
-vuzila, blasen.
vuzo, Lärm (von Schwatzenden).

vyakwe; ni vyakwe, es ist verschieden (?).
-vyala, gebären.
vyalushe, alsbald, sogleich.
vyedi (Adv.), gut; vergl. -edi.
-vyele, weiblich.
-wa, sein; kuwa na, haben.
wage, Disteln (?).
wandugu, Geschwister; Verwandte.
wata, Pl. ma-, Ente; vergl. zuvya.
wawa, Pl. ma-, Flügel.
wau, Grossmutter; ältere Schwester; Schwägerin.
-waza, zählen; vergl. -aza.
wila = uila.
wimbi, Pl. ma-, Welle.
-wishi, frisch, neu; nyumba mbishi, ein neues Haus.
-wiwi, böse, schlecht: nyumba mbiwi, ein schlechtes Haus.
-wizu, eifersüchtig.

yambilo, Köder.
yombe, Pl. ma-, Geschäft, Handel.
yoya, Pl. ma-, Feder; Stachel (des Stachelschweins).
yoi, ja? (Antwort auf einen Ruf).

zahabu (arab.), Gold.
zaka, Köcher.
zama, Pl. ma-, grosses Tier.
zana, gestern; vergl. gulo.
-zangalamu, breit, weit.
-ze (Verben angehängt), wie? z. B. wagambaze, wie sagst du?
zelu, Pl. ma-, Asche.
-zenga, bauen.
-zenga, tief sein (Wasser); hazazenga, es ist hier tief.
zewe, Falke.
zeze, ein Saiteninstrument.
zeze, wie?
-zika, begraben.
zikoi, Herd, Feuerstelle.
zilaka, Köcher; vergl. zaka.
-zimya, löschen. — kuzimya moyo, ohnmächtig werden.
zina, Pl. ma-, Name.
zindo, Pl. ma-, Wurzel.
zinge, Segel.
-zingiza, erzittern.
-zinka, vorbeigehen, übertreffen; zur Umschreibung der Komparation gebraucht; vergl. Grammatik.
zino, Pl. meno (= ma-ino), Zahn; meno ya shekela, Schneidezähne.
zisho, Pl. mesho, Auge; a mesho, er ist wach.
ziwa ja mazi, Pl. ma-, See.
-zoela, sich gewöhnen.
zize, schwarz = shize.
zogolo, Pl.. ma-, Hahn.
zoka, Pl. mazoka, grosse Schlange.
-zoma, schwer sein.
zomolo, (grosser Holz-) Löffel; vergl. lwiko und luhawa.
zongolo, Wurm.
zua, Sonne; zua kulu, Hitze.
-zuga ugali, Brei rühren.
-zugala, verschliessen.
zuge, Sehne (starke); vergl. luge.
-zuguka, sich öffnen.
-zugula, öffnen (e. Thür); vergl. -gubula.
-zula, durchbohren.

-zuleza, gewöhnen (an).
zuli, Spinne.
zumali (Arab.), Schalmei.
zumbe, Herr, Häuptling; vergl. mfungwa, mdoe, sheshe, — zumbe ywa bweni, Jünglingswart.
zunde, Pl. ma-, Wolke, Nebel.

-zuta, ziehen; vergl. nyuta.
-zutana, sich runzeln, falten, ziehen.
zutwi, Schädel.
zuvya, Pl. ma-, Ente.
zuzi, vorgestern.
-zwala, anziehen (ein Kleidungsstück).
-zwika, bekleiden, anziehen.

Deutsch-Ki-Shambala-Wörterbuch.

Wörterverzeichnis.

Abend, lwamwiagulo (VI.); kuzashwa (eigentlich: es ist Nacht geworden.
aber, mia.
abgenutzt werden, kushakala.
Abgrund, kilindi (V.).
abhalten, jn. von etw., kulemeza (m. k.).
abhauen, kukela.
abmühen, sich, kushinda.
abreissen, kutatula.
Abschied nehmen, kulaga; von einander, kulagana.
abwechselnd, gua jimwe leka jimwe (wörtlich: nimm einen, lass einen).
abwehren, kukinda.
abwischen, kuhonola, kuhangusha.
Achsel, siehe Schulter.
Achselgrube, Achselhöhle, gwaha (IV.).
Acht geben, kushungila; ordentlich Acht auf jn. geben, kugojesha m.
Acker, siehe Feld.
ackern, kulima.
Ackersmann, mlimi (I.).
Adamsapfel, kongomelo.
Ader, nyuge.
Adler (silbergrauer), kozi.

Ähre, gota (IV.), shuke (IV.).
ähnlich sein, kufanana; jn. jm. ähnlich finden, kufanyanya m. na m.
Ähnlichkeit, fanyanyi.
ärgern, sich, kubulwa ni maya, kufa maya, kuwa na maya.
Affe, nyani (grosser III.); mbega (schwarzer mit weisser Mähne); nyashu (Meerkatze); tumbili (Meerkatze, andere Art); pelele (Maki, Nachtaffe).
Ahne, mzimu (I.).
all, -oshe (vergl. Gramm. 41); pia (unveränderlich).
allein, ike, ike du; allein lassen, kuleka.
alsbald, vyalushe.
alt, -dala (von Personen); bwende (unveränderl., von Sachen). Alt werden, kudalahala (von Personen), kushakala (von Sachen); 10 Jahr alt sein, kutenda mavuli kumi.
Alter, udala; kigili (?).
Ambos, fulawa (Bondeï: fulawi).
Ameise, kolokolo (IV.); mushwa (Termite), silafu (Wanderameise).
Amulet, pingu (IV.).

anblicken, kwolela; einander —, kwolelana.
anbrechen (Morgenröte), kuvua.
anderer, -tuhu.
Anfang, chando (V.), kivoko (V.).
anfangen, kwanda, kwandila.
anflehen, kukiisa, kuhembeleza.
Angelegenheit, mbuli(III.), mambo (IV. Plur.).
Angelhaken, kiloa (V.).
angeln, kuloa.
Angelschnur, lugole lwa kiloa.
anklagen, kukwila (?).
anklopfen, kugongonda.
ankommen, kubula; bei jm. —, kubulila oder kubwila m.
annehmen, kuhokea.
anrühren, kudoa.
anschwellen, kuvutika (Fluss,Glied).
anschweissen, kubadika.
Antilope, kulungu, kongoni.
Antwort, eine — erhalten, kugangwa.
antworten, kulandula, kulanda; kwitika (auf einen Ruf), kwitikila m. (jm. auf einen Ruf).
anziehen (Kleid), kuzwala, kuzwika.
anzünden, kwasha, kukoleza; jm. ein Feuer anzünden, kwashiza m. moto;(eine Pfeife) kukibusha.
Araber, Mbolushi (I.).
Arbeit, ndima (III.).
arbeiten, kugoshola ndima.
Arm, mkono (II.); Arm eines Flusses, kono (IV.).
arm, -kiwa: der Arme, mkiwa (I.).
Armband, kidanga (V.).
Armring, kitindi (V.).

Art, oft durch das Präfix ki- z. B. kizumbe, Häuptlingsart; kike (von muke, weibliche Art); KiShambala, Usambaraart.
Arznei, mzigi (II.).
Arzt, mganga (I.).
Asche, zelu (IV.).
Ast, tambi (IV.).
Atem, muhuye oder muye (II.).
atmen, kuhema.
auf, mwe, ulanga ya.
aufdecken, z. B. ein Kästchen, kugubula.
aufeinanderschichten (z. B. Steine beim Bauen), kukima.
aufgehen (Sonne), kusha, kulawa.
aufhalten (jn. im Lauf), kugomela, kugolosha.
aufhören, kuhela.
aufladen, kushunganya.
auflauern, einem Tier, kutegela nyama, kunyatila.
aufpassen, kutegeleza.
aufmachen, kushungula.
aufrecht stehen, kugoloka.
aufrecht stellen, kugolosha.
aufrichten, kugolosha.
aufrollen, kukonya.
aufstehen, kwinuka.
aufsteigen (Rauch), kututulika.
Auftrag, kilaga (V.).
auftrennen (Genähtes), kusumula.
aufwallen (kochendes Wasser), kusheuka (?).
Aufwärter, mlugojo (I.).
aufwarten, kugoja.
aufwecken, kwinula.
Augapfel, mboni ywa zisho.
Auge, zisho, Pl. mesho.

Augenbraue, shige (III.); die —n in die Höhe ziehen, kukonyeza.
Augenlid, lukumbito (lwa zisho), Pl. nkumbito (za mesho).
Augenstern, kininga.
Augenwimpern, ngohe (VI. Pl.). ein Haar ders., lungohe.
Augenzähne, vikuli.
ausbessern, kugosholela.
ausbreiten, kwasakanya.
ausgehen, kulawa.
aushöhlen, kushongola.
ausliefern, kulavya.
Ausrufer (der öffentlichen Erlässe und Arbeiten), kibilikizi.
ausruhen, kuhema.
Aussatz, balangala; Aussatz haben, aussätzig sein, kuumbuka.
aussen, nase, hese.
ausspucken, kunishua mate.
ausstrecken, kukusula, kuholokeza.
ausziehen (Kleider), kuvula.
Axt, shezo (IV.), hoya (IV.).

Bach, kazuto (V.).
Backe, chafu, kavu (IV.).
backen, kwoka.
Backzahn, gego (IV.).
baden (intr.), kwogelea.
Bäcker, mwoki ywa mikate.
bald, nguzu, vyalushe.
Bambus, lasi.
Banane (die Frucht), tonte (IV.), huti (IV.); (die Staude) tindi (IV.).
Bananenkuchen, mkologwe (II.).
Bart, ndezu; ein Barthaar ludezu.
Bast, keyu.
Bauch, ifu, Pl. mafu.
bauen, kuzenga.
Baum, muti (II.).
Baumbast, keyu.
Baumrinde, gome.
Baumstamm, shina (IV.).
Baumstumpf, goda (IV.).
Beamter, mfungwa; (der, welcher die Richter beruft), sheshe.
beaufsichtigen, kugolokela k.
bedauern, kwihilwa (Pass.).
bedecken, kurubika.
beeilen (sich), kushunguza, kufika, kushunguliza.
beendigen, kubinda, kubontola, kubindiliza.
befähigen, kudahisha.
befallen werden (von Hunger, Durst, Scham, Betrübnis), kubulwa (ni sala, kilu, shoni, luzwi).
befehlen, kulagiliza ni.
befreien, kwokola.
begegnen, kukintana na m., kwonana na m.
begehren, kukunda.
beginnen, kwanda, kuvoka, kwandila.
begleiten, kutongelana.
begraben, kuzika, kwika m. mbila.
begrüssen, kulugusha; einander —, kulugushana.
begütigen, kuhembeleza.
Bein, mlundi (II.).
beinahe, hehi.
beissen, kuluma; einander —, kulumana.
beistehen, kwambiza m., kuvunila m.
bekennen, kuvoteka (=überwunden
bekleiden, kuzwika. |sein).

bekommen, kwinkwa (Pass. von kwinka, geben).
bellen, kulila.
Belohnung, mshungulu.
bereit, -shivu; bereit sein, kushila.
bereuen, kwihilwa (Pass.).
Berg, mlima (II.).
berühren, kudoa, kugufya.
besänftigen, kuhongeza, kuhembeleza.
Bescheidenheit, shoni.
beschmutzen, kukandanya.
beschwören, kukiisa.
beseitigen, kuusha (Pass. -ushigwa).
Besen, hagilo.
besessen,-zimuzimu; ein Besessener, mzimuzimu.
besiegen, kuvota; besiegt werden, kuvoteka.
besitzend, -enyi (vergl. Gramm. 41).
besteigen. kukwela; (ein Reittier) kupanda.
Bestellung (des Feldes), kilimo.
bestrafen, kukantula: bestraft w., kukantuka.
besuchen, kuhita (oder kwiza) kulugusha m.
beten, kuvika.
betreffen, kwagila; betroffen w. (von Unglück), kubulwa, kwizilwa (ni kondo).
betrinken (sich), kutengera.
betrügen, kuufya (Pass. -ufigwa), kuufiza.
Betrübnis, luzwi.
Bett, lushazi.
betteln, kulombezalombeza.
Bettler, mkiwa.

beugen, kwinamya, kuhinda; sich beugen, kwinama.
Beule, ihu, Pl. mahu.
bewässern, kunwesha.
bewachen, kugojela.
bewegen, kushweza, kushindika.
bezahlen, kuliha.
Bezahlung, maliho.
biegen, kukunga, kwinamya, kuhinda.
Biene, nyoki (III.).
Bienenkorb, mzinga (II.).
Bier, pombe.
billig, -hufu.
binden, kushunga, kukanta.
bis, (m)paka, hatta.
bitten, kulomba, kulombeza; für jn. bitten, kulombela m.; jn. inständig bitten, kuhimila.
bitter, -shungu, -a ushungu.
Bitterkeit, ushungu.
Bläschen (auf d. Haut), kaushungu, Pl. vi-.
Blasebalg, mvuo (II.); mit dem — blasen, kuvuguta.
blasen, kuvuzila; (ein Instrument), kukemesha.
Blatt, hungo (IV.), lufovo.
Blattern, duda.
blau sein, kuchuta.
Blei, shawa, mbwewe (?).
bleiben, kwekala.
blind, er ist —, azatulika mesho; blind sein, kutuntusha.
Blitz, lumuliko, umwemwe.
blühen, kuvungula (?)
Blüte, Blume, lua, Pl. maua.
Blut, pome (III.), sakame (III.).
Blutsfreund, mbuya; mein, dein,

sein Bl., mbuyangu, mbuyao, mbuyae.
Boden (der), hashi.
böse, -bada, -wiwi; Böses, kiwiwi.
Bogen, luuta, Pl. nyuta; uta, Pl. mata.
Bohnen, konde.
borgen, kukopa.
braten, kwoka,
brennen, kwaka, kuhya; kwoka, kwokela.
Brennholz, nkuni (VI. Pl.); ein Stück Br. lukuni; Br. sammeln, kusasa nkuni.
Brei (von mtama), ugali; Brei rühren, kuzuga ugali.
breit, -zangalamu, -hana; breit sein, kukingamka.
Breite, uhana.
Brett, bala (IV.); zur Pritsche, banti (IV.).
Brief, kibamba (V.).
bringen, (Sachen) kuleta, (Personen) kwegala; jm. etwas (oder jn.) bringen, kuletela oder kwegaila k. (m.) m.; etwas (oder jn.) gebracht bekommen, kuletelwa oder kwegailwa.
Brod, mgati oder mkati (II.).
Bruder, ndugu (ywa kigoshi), lumbu (ywa kigoshi); älterer Br.; ndugu mkulu; jüngerer Br. mvuna, (in der Anrede:) monetu.
brüllen, kululuma.
Brunnen, kishima (V.), tekeloi.
Brust, kifua (V.); (weibliche) tombo (IV.).
bücken, sich, kwinama.

Seidel, Ki-Shambala.

Büffel, mbogo (I.).
Bündel Bananen, nyuko.
Bündnis, kilaga.
Bürge, mguha.
Bursche, kagoshi (V.).
Butter, mabongo (IV. Pl.).

Dach, tala, kwempaga.
Dachtraufe, lukumela.
Dämon, pepo (IV.).
damals, minga ija, aho kale.
damit, kangwe.
daneben, mazu, kandai.
danken, kulonga (od. kugamba) ndima.
darin, ndai, mumo.
Darm, utumbo.
Daumen, kulwa, gumba.
davor, mazui.
Deckel, kigubiko (V.).
denken, kutongonyeza, kuteganya.
Dickicht, bago, tundui.
Dieb, mbavi (I.).
dienen, kugoja, kwitika.
Diener, mlugojo (I.).
Ding, kintu (V.), bwesuna; Dinge, mambo.
Disteln, wage (?).
Dolch, shime.
Donner, lubambala.
Dorf, muzi (II.).
Dorfwall, boma.
Dorn, mwiwa, Pl. miwa.
dort, kuja, huko, haja.
drängen (einander), kudongana.
draussen, chongoi, hase, nase.
drohen, kuvaila m.
dünn, -shishili.
dürr sein, kukalagala.

8

dumm, -dashi.
dunkel sein (Farbe), kuchuta; es ist dunkel, kuna lwiza.
Dunkelheit, lwiza.
durchbohren, kubovola, kubovosha, kuzula.
Durst, kilu.
dursten, kubulwa ni kilu.

Ebene, kingamo.
ebenen, kuliganya.
Ebenholz, muhingo.
ebenso, vivyoho.
Ecke, muhindulo.
Ehefrau, muke.
Ehemann, mlume.
ehren, kugimbika.
Ei, tagi (IV.).
Eid, malape, waho (?); einen Eid leisten, kuja (oder kulonga) malape.
Eidechse, gondo; (grosse Art) mbulu; (grosse mit rotem Kopf) kokolwe.
Eierschale, gada ja tagi.
Eigensinn, utili.
eigensinnig, -tili.
eifersüchtig, -wizu, eiferslichtig sein, kutendwa ni uwizu.
Eifersucht, uwizu (VI.).
eilen, kufika (m. folg. Infin. ohne ku).
eilends, nguzunguzu.
einäugig, er ist —, ana tulu ja zisho.
Einäugigkeit, tulu (IV.).
Einfall. kluger, minyanyi (II. Plur.).
Eingeweide (die grossen), mafu (Sing. ifu), (die kleinen) matumbo (Sing. tumbo).

einige, kungwe.
einschlafen, kusisiza, kubulwa ni usisiza.
einst, aho kale.
eintauchen, kuginta.
eintreten, kwingila.
einzig, mwe ike.
Eisen, kilama, msomo (?).
Eisenstaub (aus Flusssand gewonnen), menya.
Eiter, ufira.
Elbogen, kinko cha mkono.
Elefant, tembo.
Ende, bontokelo (IV.), zu Ende sein, kushila.
endigen (intr.), kubontoka.
eng, -shisbili.
Engel, malaika.
Enkel, mwezukulu.
entfernen, kuusha (Pass. -ushigwa); sich entfernen, kuuka, huhita zakwe.
entscheiden, kudwisha (oder kushenga) mbuli.
entsetzen (sich), kubabatuka.
Ente, zuvya (IV.), wata (IV.).
Erbe (der), mpazi.
erben, kupala.
erbrechen, kutahika.
Erdbeben, ndidimo (III.).
Erde, shi, shanga.
erfreuen, ergötzen, kutamila m.
ergreifen, kutoza, kugwila; von Schmerz ergriffen werden, kwagwilwa (od. kubulwa) ni ukiwa.
erhalten (= bekommen), kwinkwa.
erheben, kwinula; sich erheben, kwinuka; sich erheben gegen jn., kwinukila m.

erinnern (jn.), kufukiza; sich erinnern, kufukila.
erkennen, kumanya.
erkennen lassen, kumanyiza, kutailisha.
Erlaubnis, luhusa (ruhusa)
erlösen, kukombola.
ermahnen, kushunda.
ermüden (intr.), kutibuka.
ernten, kuhula.
erobern, kukila (?), kuzima.
erreichen (jn.), kubwila (od. kubulila) m.
erscheinen, kwoneka(na).
erschrecken (tr.), kuhitusha; (intr.), kuhituka.
erste, der — sein, kuvoka.
ertönen lassen, kukemesha.
ertrinken, kukomwa ni mazi.
erwachen, kwinuka.
erwarten, kugojela m.
Erzählung, kigano(V.), ngano(III.).
erziehen, kulela.
erzittern, kudidima, kuzingiza.
Esel (kleiner Schlag), punda (IV.); (grosser) jowe (IV.).
essbar sein, kujika.
essen, kuja; gegessen werden, kujigwa und kuligwa.
Eule, kungwi (IV.).
Euphorbie, utupa.
Euter, kiwele (V.), tombo (IV.).

Fackel, gala (IV.).
Falke, zewe.
Falle, mtego (II.), ntego (III.) — in einer Falle fangen, kutega, kutegela.
fallen, kugwa, kukina; (von Blättern, Thränen etc.) kupagatika (?) — fallen lassen, kugwisha, kugwishiza.
falsch, er ist falsch, ana mambeza, ana lulimi.
falten, kukonya; sich falten (Stirn), kukunya fula.
Familie, mbali (III.).
fangen, kugwila.
faul (= träge), -vizu.
faulen (= verderben), kwola.
Faust, konde (IV.).
Feder, lwoya, Pl. nyoya; grosse Federn, mayoya.
fegen, kuhagila.
fehlen, kukosa.
feige, -oga.
Feigenbaum, mtini (II.).
Feile, tupa (IV.).
Feind, munkulu (II.).
Feld, mgunda (II.), nkoi (III.), tanga (IV.).
Feldmaus, kozo; (kleine Art) kadala.
Feldratte, puku, mpelu, shishi, mende.
Fell, babu.
Fels, gamba (IV.).
Felsplatte, luhambalawe.
Felsschlucht, kungu (IV.).
Fenster, chiolela (V.), langa (IV.).
fern, hale (Adv.).
Ferse, kihaga.
fertig, -shivu; fertig machen, kwika vishivu; fertig sein (von Sachen), kushila, kubindilizika; (von Personen) kubinda, kubindiliza.
Fest (Volks-) mviga, (Opfer-), fika; lusona (?).

8*

fest sein, kutoga; fest ziehen, kukaza.
festhalten, kutozeza, kutozesha.
Fett, mavuta (IV. Plur.).
fett sein (von Tieren), kunona (von Pers.) kuneneha, kugimbala.
Feuer, moto Pl. mioto; Feuer reiben, kuhegesha; etw. ans Feuer setzen, kwokela k. moto.
Feuerbrand, kizinga cha moto.
Feuerstelle, zikoi.
Feuerzange, ngwato.
Fieber, mbu (III.).
finden, kwona.
Finger, chala, Pl. vyala; Mittelf., chala cha gati.
Fingernagel, kombe (IV.).
Fingerring, sovi.
Fisch, mangala, kapala (IV.).
fischen (durch Betäubung), kutoela mangala.
flach sein, kukingama; hier ist es flach, heigalame.
Flamme, bilibili.
Flaschenkürbis, nange (III.), bela.
flechten, kushonga, kuluka (?).
Fledermaus, ndema (III.).
Fleisch, nyama (III.).
Flicken, dahame (IV.).
Fliege, si (III.).
fliegen, kupoulika.
fliehen, kunyilika, kungoka.
fliessen, kuhita.
Flinte, futi, bundiki.
Flintenstein, iwe ja futi.
Flöte, mluli (IL).
flöten, kutoa mluzi (?).
Floh, kiloboto (V.).
Fluch, kilano (V.).
fluchen, kulana.
Flucht, kunyilika; in die Flucht schlagen, kungosha.
Flügel, wawa (IV.).
flüstern, kunongoneza.
Fluss, muto (II.).
Flusspferd, vulu (IV.).
folgen (örtlich), kutongela m.; (zeitlich) kushirikiza; einer Spur folgen, kudosa.
formen (z. B. Töpfe), kuumba.
fragen, kuuza.
fremd, -geni; ein Fremder, mgeni (I.).
freuen, sich, kutamilwa (Pass.).
Freund, ngwiya; mein, dein, sein Freund, ngwiyangu, ngwiyao, ngwiyae; Freund! (als Anrede), . mosie, mwaya.
Friede, wivano.
frieren, mich friert, nizabulwa ni peho.
frisch, -wishi.
Frosch, pula (IV.).
Frost, kau.
Frucht, tunda (IV.), ntunda (III.).
Fruchtkern, kungu, moyo.
früh, morgen früh, kucha makero.
Frühstück, kishashulo.
fühlen, kudoa.
führen, kulongola.
Führer, kilongola, mlongozi.
Fülle, mboto (III.).
füllen, kumemeza.
für und für, kale na kale.
fürchten (sich), kwogoha; jn. kufa m. oga; Pass. kufigwa oga.
füttern, kulisha.
Funke, sheshe (IV.).

funkeln, kumulika, kumeka, kumerimeta.
Furt, chiomboko (V.), ulalo.
Furcht, oga.
Fuss, mlundi (II.); zu Fuss gehen, kutalamka.
Fusssohle, Fussspur, lwayo.

Gähnen, miyayu (II. Plur.).
gähnen, kugenda miyayu.
Galle, nyongo.
ganz, -oshe, -gima.
Garbe, hane (IV.) ?.
Gast, mgeni (I.).
Gatte, mlume (I.).
Gattin, mkaza (I.).
Gazelle, shambi, songoli, ngondi, funo (wie eine Ziege), shwala (grösser als eine Ziege, rot, ohne Hörner), namu (sehr grosse Art), pala (klein, silbergrau).
gebären, kuvyala.
geben, kwinka.
Gebet, mviko.
Gebrauch, tulo.
Gedächtnis, ufukila.
gedenken, kufukila.
geduldig sein, kuvumilila.
geheim, -a njama; im geheimen, njama.
Geheimnis, njama.
gehen, kugenda, kuhita; (zu jm.), kugendela m.
Gehirn, uwongo.
Gehörgang, kongo ya shikilo.
Geier, ngushu.
Geist, abgeschiedener, mzimu (I.).
Geisterreich, kuzimu.
Geiz, ukugu.

geizig sein, kuwa na ukugu.
Gefängnis, ngeleza, kishungo.
Gefäss, chombo (V.), lugata (zum Pombetrinken).
gefallen, kutamila m.
Gefahr, kondo.
Geflügel, nguku; (wildes) kwale.
Gegner, munkulu.
Gehöft eines Häuptlings, kitala.
gelb sein, kulungulika.
Geld, feza.
Gelenk, kilungo (V.).
Gelübde, malape (IV. Plur.); ein G. thun, kulonga oder kuja malape.
genesen, kuhona.
genug bekommen, kweguta.
genügen, kutosha.
Gepäck, via.
Gerechtigkeit, hakki, vota (?).
Gericht, masa.
Gerte, mluwa (II.).
Geruch, mzingo; (übler) luvundo.
Gesäss, kitako.
Gesandter, mlau.
Gesang, wila, Pl. nyila.
Geschäft, yombe (IV.).
geschickt, -nyani.
Geschlecht (= Familie), mbali (III.).
Geschwister, wandugu.
Geschwür, dulazi, ihu, Pl. mahu, kilonda (V.), (grosses) londa (IV.).
Gesicht, usho, cheni (V.).
gestern, gulo, zana.
Gestrüpp, mashafi.
gesund, -gima; g. werden, kuhona.
Gesundheit, ugima.
gewiss! kweli! ndidi!

Gewissheit, ndidi, kweli.
gewöhnen, kuzoleza; sich gewöhnen, kuzoela.
Gier, ushu.
gierig sein, kuwa na ushu, kuwa na mmelo.
Gift, ushungu, lushawi.
giftig, -a ushungu.
Giraffe, ndea.
glänzen, kumulika, kungala, kulangazika.
glatt sein, kugera.
gleich (mit), kangwe (na); gleich sein, kuligana(na) na k.
glitzern, kumeka, kumerimeta.
Glück, bahati (arab.).
Gnu, pofu (?)
Gold, zahabu (arab.).
Gott, Mlungu, Pl. Milungu; Gott anrufen, kulagila M.
gottlos, -huza.
Grab, mbila (III.).
graben, kufuka.
grade sein, kugoloka; grade machen, kugolosha.
Gräte, vuha (IV.).
Gras, mani (IV. Plur.).
Grasland, kibanda.
grau; graue Haare, fi (III. Plur.).
Greis, Greisin, mdala, mgundu.
Grenze, muhaka (II.); eine G. ziehen, kushenga muhaka.
Griff (= Stiel), muhini (II.).
Grösse, ukulu.
gross, -kulu; gross werden, kukula.
Grossmutter, wau.
Grossvater, baba.
Grube, tubwi.

grün, manimani.
grüssen, kulugusha.
Grund, Boden, hashi.
Gürtel, mkoa (II.).
Güter (= Vermögen), ntanu.
gut, -edi (vergl. Gramm.); (Adv.) vyedi.

Haar, vunga (IV.), lufili; graues Haar, fi (III. Pl.).
haben, kuwa na (vergl. Gramm.); habend, -enyi (vgl. Gramm.).
Hacke (zum Hacken), gembe (IV.); (Ferse) kihaga.
Hälfte, hindi (III.).
hängen (trans.), kuholeza; (intr.), kuholela, kutungika.
Härte, ntogo.
Häuptling, zumbe, Pl. wazumbe.
Häuptlingsart, kizumbe.
Häuptlingsschaft, uzumbe, ufungwa.
Hagel, fula ya mawe.
Hahn, zogolo (IV.).
Hain, kazitu.
Hals, shingo (IV.).
halten, kutoza, kutozesha.
Hammel, tule ya ngoto.
Hammer, nyundo.
Hand, mkono (II.); in die Hände klatschen, kutoa magasa.
Handel, (ma)yombe; Handel treiben, kulonga yombe.
Handfläche, gasa (IV.), kigasa.
Handgelenk, konyoko, tili ja mkono, kilimbili cha mkono.
Handhabe, muhini (II.).
Handlung, kigosho.
Handrücken, kifumba.

Handwerksmeister, fundi.
Harmonika, kilanda.
hart sein, kutoga.
hartnäckig, -tili.
Hartnäckigkeit, utili.
Harz, ulimbo.
Hase, kleiner, kabuga.
hassen, kuhila, kushuka.
hauen, kutoa (Pass. -toigwa).
Haufe (Menschen), bumba (IV.).
Haus, nyumba; (altes, verfallenes) huzu.
Hausratte, ngoshwe.
Haut (des Menschen) kanda (IV.); (der Tiere) babu.
heben, kwinula.
heftig, -kali.
heilen, kuhonya.
Heimat, kaya.
Heirat, uteguzi.
heiraten (vom Mann), kutegula; (von d. Frau) kutegulwa; (von einem Paar) kutegulana.
heiss, es (= das Wetter) wird heute heiss werden, lelo zua nejiake.
helfen, kwambiza m.; einander h., kwambizanya.
hell sein, kungala, kupwinkuka.
Henne, tetela; legende H., kolo (IV.).
herab, nashi.
herab ..... = hinab ....
herauf ... = hinauf .. —.
heraus, nase.
herauskommen, kulawa.
herauskommen lassen, kulavya.
herausziehen, kungola.
Herd, zikoi.

Herde, chuma (IV.), ifyo.
Herr, bwana, zumbe, mfungwa.
Herrschaft, ufungwa, uzumbe.
herum, kandai.
herumgehen (um etw.), kuzunguluka k.
hervorbringen, kukuza.
Herz, moyo, Pl. mioyo.
heulen, kulila, kukema kilii.
Heuschrecke, pasi.
heute, lelo.
hier, aha, hanu, uku, kunu, aho, uko, kuno.
hierher, na kunu.
hierin, umu, umo, umo ndai.
Himmel, luwingu, Pl. wingu.
hinabbringen, kwikiza, kusheleza.
hinabkommen, kwikila, kushela.
hinablassen = hinabbringen.
hinabsteigen, kwikila.
hinaufsteigen, kukwela, gugendesha ulanga.
hinaufbringen, kukweza.
hinaus, nase.
hinaus .... = heraus ...
hindern, kukindila.
hineinbringen, kwingiza.
hineinthun, kugera.
hineinwerfen, kujela.
hinken, kugenda konyikonyi, kushangala.
hinter, nyuma ya.
Hintere, tako (IV.).
Hinterkopf, gubo.
Hirt, mlishi.
Hitze (der Sonne), zua nkulu.
hinzufügen, kwongeza.
hoch, -le, -kulu.
Hochzeit, uteguzi.

Hodensack, tashira.
Höhle, panga, mpanga.
Höker, nundu.
hören, kwiva.
holen lassen, jn., kubuza m., kutumiza m.
Holz, muti; (zum Brennen), nkuni.
Holzstückchen zum Wahrsagen, milamulo.
Honig, uki wa nyoki.
horchen, kutegeleza.
Horn, luvea, vea (IV.); (Musikinstrument) gunda (IV.).
Hüfte, lutandafu, kiunu.
Hügel, kilima.
Hühnchen, tetera.
Hülse (einer Frucht), koa (IV.).
hüpfen, kudantukila.
hüten (Vieh), kulisha; (sich hüten), Hütte, nyumba. | kutema.
Huf, nyoyo.
Huhn, nguku (III.).
Hund, kuli (IV.).
Hundertfuss, taandu.
Hunger, sala (III.).
hungern, kuwa na sala, kubulwa ni sala.
Husten, lukolola; den H. haben, kuwa na lukolola.
husten, kukolola.
Hut, kofia.
Hyäne, fishi, manjaku, bau.

immer, mishi yoshe, minga yoshe.
in, mwe; -i (Lokativ).
inmitten, gati ya.
Insekt, mdudu (I.).
Insel, kishiwa.
irren, kwagilwa.

ja, ehe, ndivyo; (wenn man gerufen wird) yoi.
Jäger, mkala (I.).
jäten, kubalila.
Jagd, ukala.
Jahr, mwaka, Pl. miaka; kilimo.
Jahreszeit, (die kalte trockene, ca. Juni bis Sept.) nyota; (die heisse, ca. Sept. u. Okt.) mzuguti, malangwe; (die erste Regenzeit, ca. Nov. bis Jan.) vuli (IV.) oder fula ya vuli; (die zweite Regenzeit, ca. Febr. bis Mai) mwaka.
jeder, kila.
jenseits, sheja.
jetzt, lushe.
Jüngling, mbwanga.
Jünglingswart, zumbe ywa bweni.
Jugend, ubwanga, udodo.
jung, -bwanga; -dodo.

Käfer, mbambazi.
kämpfen, kutoana.
Kafferkorn, muhemba.
Kalb, ndama (III.).
Kalbe, mori.
Kalk, chokaa.
kalt sein, kulota.
Kameel, ngamea (III.).
Kaninchen, buga; (kleines) kabuga.
Kanoe, dalu (IV.).
Kartoffel, süsse, kutu (IV.).
Kassava, manga; (getrocknete) boko (IV.).
Kasten, kibweta.
Katze, munyau; (wilde) chonjwe.
kauen, kutafuna.
kaufen, kugula; (für jn.) kugulila.

Keble, mmelo.
Kehricht, mantu.
Kehrichthaufen, kishumo.
kennen, kutaida.
Kennzeichen, lwitangilo (VI.).
Kette, munyolo (II.).
Keule, kiboi (V.).
Kind, mwana, Pl. wana; kazana (V.); (kleines) mkebe (I.).
Kinn, kilezu (V.).
kitzeln, kudegesha.
Klapper, kuyamba.
klar sein, kwelela.
Klaue, fumba.
kleben, kushozela.
Kleid, shuke (III.); (abgetragenes) shakailo.
klein, -dodo.
Kleinheit, udodo.
klettern, kukwela.
klopfen, kutoa.
klug -nyanyi.
Klugheit, teganyi.
Knabe, kagoshi (V.), kabwanga (V.).
knarren, kukema.
kneifen, kufunya.
Knie, izwi, l'l. mazwi.
Kniekehle, goloto ja izwi.
Kniescheibe, kungu ya izwi.
Knochen, vuha (IV.), mvuha (II.).
Knöchel, kungu (III.).
Knopf, kishungo (V.).
Knopfschlinge, kagole (V.).
Knospe, lua ndodo.
Knoten, fundo (IV.).
knoten, kufundika.
Koch, mdisi.
kochen, kudika, kwambika.

Köcher, zaka, zilaka.
Köder, yambilo.
König, mfungwa, zumbe.
königlich, -a kizumbe.
Königtum, ufungwa, uzumbe.
können, kudaha.
Körbchen, ntezu (III.).
Körper, mwili (II.).
Kohlen, makaa.
kommen, kwiza; (zu jm.) kwizila m., kubwila m.
Kopf, mutwi (II.).
Korb, ngahu; (flacher, runder aus Bambus), lungo.
kosten, kukaula lumosho, kugeleza.
Kot, mavi.
Krätze, uhele.
Krampf, gasi.
krank, -tamu; kr. werden, kuhuma.
Krankheit, utamu.
kratzen, kuhakala.
Krebs, kala.
Kreuzweg, sira panda.
kriechen, kuchwalamuka, kutambala.
Krieg, nkondo.
Krieger, mkondo, Pl. wankondo.
Krokodil, mamba.
Kropf, juju.
Krug, biga (IV.), kabiga (V.).
krumm sein, kukunga, kuhotoka.
Kuchen, mgati (II.).
Küchlein, kizana.
Kürbis, koko (IV.).
küssen, kufyosa; einander k., kufyosana.
Kuh, nine ya ngombe; (alte) goma.
Kummer, luzwi (VI.).

Kundschafter, mwazigani (I.).
Kupfer, kilama.
kurz, -zihi.

Lachen, sheko (IV.).
lachen, kusheka.
laden (eine Waffe), kushindilia.
Länge, ule (VI.).
längs, kandakanda ya.
Lärm, lwashu: (von Stimmen) vuzo.
lärmen, kuvunka.
lästern, kukanka, kutukana.
lagern lassen (Tiere), kusumiza.
lahm sein, kusika.
Lamm, mwana ngoto.
Land, shi (III.), nkoi (III.).
Landstreicher, munyilisi (I.).
lang, -le; lang sein, kuleha.
langsam, palakole.
lassen, kuleka.
Last, mzigo.
lauern, kulindila.
laufen, kuguluka; (zu jm.) kugulukila.
laut (Adv.), vikulu, kwa miloshi mikulu; laut sein, kuvunka.
Laute, zomali (IV.).
Leben, kwanga.
leben, kuwa mgima, kuwa moyo.
lebendig, er ist —, a moyo; jn. wieder lebendig machen, kuuza m. moyo.
Leber, ini, Pl. maini.
lecken, kusona.
leer, bule.
leeren, kukupula.
legen, kwika.
Lehm, ulongo.
lehren, kuhinya, kufuza.

Lehrer, mwalimu (I.).
Leichnam, kimba (V.).
leicht sein (Gewicht), kuhuha.
Leichtsinn, ubagibagi.
leise (Adv.), palahole.
leiten, kulongoza.
Leiter, mkwelo.
Lendentuch, kagawa.
Leopard, balwe, shui.
lernen, kukihinya.
lesen, kufyoma.
Leuchte, gala (IV.).
leugnen, kukela kani, kubisha kani.
Licht, langaila (IV.).
lieben, kukundisha.
Lied, wila (VI.).
link, -a kumosho.
Lippe, mlomo (II.).
List, minyanyi (II. Plur.).
listig, -nyanyi.
loben, kutogola.
Loch, tubwi.
locker werden, kulegela.
Löckchen, das dem Mshambaa charakteristische, auf der Mitte des Scheitels, luchungi.
Löffel, lwiko (kleiner aus Holz), zomolo (grosser Holz-), lahawa (aus einer halben Kokosschale).
löschen, kuzimya.
lösen, kushungula; kukombola.
Löwe, shimba.
Lohn, mshahara (arab.).
lose werden, kulegela.
Lüge, ulongo, mambeza.
lügen, kulonga ulongo, kuwa na lulimi, kulonga mambeza.
Lügner, mlongo, mlulimi.

Lumpen, shakailo, kabwende.
Lunge, fofota.
machen, kugoshola; (dass etwas so und so wird) kugalusha, kuhitusha; (für jn. etw.) kugoshoela m. k.
Mädchen, mundele (I.), kandele (V.), kavyele (V.).
männlich, -goshi, -a kigoshi.
Magen, ifu, Pl. mafu.
mager werden, kushozela, kushokela.
mahlen, kubunduga.
Mahlzeit, nkande.
Mais, pemba (IV.).
Maisfeld, lubua.
Maki, pelele.
Mann, mgoshi; (= Ehemann) mlume.
Manguste, tukwa (IV.).
Mantel, muharuma.
Marder, nkanu (III.), ngogo (III).
Markt, gulilo, gwilo.
Mass, kihimo.
Mass, mlingoti (II.).
Matte, mkeka (II.).
Mattensack, tangulu (IV.).
Mauer, lukando, lukuta.
Medizin, mzigi.
Medizinkunst, uganga.
Meer, bahali.
Meerkatze, nyashu, tumbili.
Mehl, mushu, unga.
mehr werden, kugenera.
meinen, kugamba.
Meissel, temo, kemeu.
melken, kukama.
Melone, tango (IV.).

Menge, ungi (VI.).
Mensch, muntu (I.).
messen, kuhima.
Messer, tuni (IV.), (grosses) shime (IV.).
Messingdraht, ngandu.
Milch, mele.
Milz, shumba ya moyo, luwengo.
Minister, mdoe, mtani.
mischen, kuvanganya.
missgestaltet sein, kuwa na kilema.
mit (Begleitung) na, (Instrument) kwa.
Mitleid, mbazi (III.); M. mit jm. haben, kufila m. mbazi.
Mittag, zua jikibula mwe mutwi, zua jikigoloka, mushi mkulu.
Mittagessen, nkande za kukishashula.
Mitte, gati.
Mittelfinger, chala cha gati.
Mitternacht, kilo kikulu.
möglich sein, kudahikana.
Mörser, tuli (IV.).
Mörserkeule, mtoho (II.).
Mond, mwezi (II.); zunehmender M., mwezi kongo; abnehmender M., mwezi ukichelwa.
Mondlicht, Mondschein, mlenge.
Morgen, kuzasha, makero, makerokero.
morgen, keroi.
Morgenrot, utuku.
Moskito, mbuu.
müde werden, kutibuka; müde sein, kuwa na ntibuko.
Müdigkeit, ntibuko.
müssen, wird mit kwagiza gegeben, z. B. wir müssen be-

zahlen, yatiagiza kuliha, es betrifft uns zu bezahlen.
müssig sein, kwekala bule.
Mütze, kofila.
Mund, kanwa (IV.).
Muschel, kala (IV.).
Mutter (meine, unsere, Anrede der Knaben) mlala, (Anrede der Mädchen) mame; (deine, eure) nyokwe; (seine, ihre) nine.
Nabel, lukuvu.
Nachbar, mweshu.
nachgeben, kuvoteka.
nachfolgen (zeitlich), kushirikiza.
Nacht, kilo.
Nachtaffe, pelele.
Nacken, goshi.
nackt, -lushi, bule.
Nadel, singano.
nähen, kushuma.
nähern, sich, kusogela (auch mit na hehi); sich jm. nähern, kubwila m.
nähren, kwomesha.
närrisch, -zimuzimu.
närrisch werden, kuhuluzuka.
Nagel, msumali (II.).
nagen, kugugunya.
nahe, hehi.
Name, zina, Pl. mazina.
Narbe, kovu (IV.).
Nase, mpula (III.).
Nasenloch, sila ya mpula.
Nashorn, falu.
Nashoruvogel, kondo (IV.).
nass, kimazimazi.
Nebel, zunde (IV.); (mit feinem Regen) bimbi (IV.).

neben, lwazu lwa.
Neffe, mwana mkulu, mwana mdodo.
nehmen, kugua, Passiv: kugwigwa.
Neid, uwizu (VI.).
neidisch sein, kutendwa ni uwizu.
nein, sho, sivyo.
nennen, kwitanga.
Nest, sasa.
neu, -hya, -wishi.
Neumond, mwezi uzafa.
Netz, nyavu.
Nichte (= Neffe).
nieder, nashi.
niederfallen, kuginta.
niedrig, -zihi.
Niere, figo (IV.).
niesen, kugenda mihisa.
noch; du bist noch ein Kind, uke mbwanga.
nötig sein, mit kwagiza zu geben, vergl. „müssen".
nötigen (= dringend bitten), kuhimila.
Notdurft, seine — verrichten, kuhita mbago.
nur, du.

ob, ati; ob — oder ob nicht, ati — atize.
oben, ulanga.
Oberlippe, mlomo wa kenya.
Oberschenkel, nyonga.
obschon, kangi.
Ochs, palala; wilder Ochs, nkulo.
oder,o; (in der Doppelfrage) hambu.
öffnen (ein Kästchen), kugubula; (eine Thür), kuzugula; sich öffnen, kuzuguka.

Öffnung, kizugwilo.
Öl, mavuta (IV. Plur.).
Ölpalme, mzono.
Öse, katasi (V.).
offen, mwazi; jm. offen stehen, kwangalamkila.
Oheim, (väterlich) tate mkulu; (mütterl.) mtumba.
ohnmächtig werden, kuzimya moyo.
Ohr, gutwi (IV.), shikilo (IV.).
Ohrläppchen, manunu.
Opferfest, fika.
Orakel, mlamulo (kleine Holzstückchen zum Wahrsagen).
Orakelbefrager, mkauzi mlamulo.
Orange, shuza (IV.).
Ort, hantu, kuntu.
Osten, lwazu lwu kukicha.

Panther, shui.
parieren, kukinda.
peitschen, kusausha.
Perle, lushalu (VI.).
Perlenschnur, lutimbo lwa shalu.
Perlhuhn, kanga (IV.).
Person, muntu.
Pfand, guha.
Pfeffer, pilipili.
Pfeife, kiko (V.).
Pfeil (mit Eisenspitze) ndali; muvi (II.).
Pferd, farashi.
Pflanze, muti (II.).
pflanzen, kuhanda.
Pflanzung, tanga, gemo.
pflegen (jn.), kushuga.
pflücken, kutunda.
pissen, kukoza.
Plan, minyanyi (II. Plur.).

Platz, hantu, kuntu; (offener) bangu.
plötzlich, ivi du.
plündern, kutaha.
prahlen, kubagabaga.
Preis, jafa (?).
Pritsche, sasa.
probieren, kugeleza, kugeeza.
Prophet, mgonezi.
Pulverhorn, katipa (?).
putzen, kukanda.

quälen, kukantula, kusulimiza; gequält sein, kukantuka.
Quelle, twegeshe.

Rabe, kungulu (IV.).
Rand, lukungu; (am Felde) lwambaloi.
rasieren, kumoga.
Rasiermesser, luumo, Pl. nyumo.
Rat, mbuli.
rauben, kuhoka.
Rauch, moshi (II.).
rauh sein, kukakalika.
Raupe, kukunishi.
Rebhuhn, kikwale.
rechts (Adv.), kulume; (Adj.) -a kulume.
reden, kulonga.
Regen, fula.
regnen; es regnet, fula yanya, kuzunya fula, fula izagwa.
Regenzeit (die erste), vuli oder fula ya vuli (ca. Nov. bis Jan.); die zweite, mwaka (ca. Febr. bis Mai).
reiben, kufyogosha, kusugula.
reich, -goli; ein Reicher, mgoli.

Reichtum, ugoli.
reif werden, kwiva, kwizwa.
Reiher (weisser) pule; (grauer) nyombe.
rein sein, kungala.
reinigen (Korn durch Zerstossen), kutwanga.
Reis (Pflanze) muhunga; (gereinigt) shembe; (gekocht) mashaza.
Reisbrei, ugali.
Reise, tambo (IV.); auf Reisen gehen, kuhita tambo.
reisen, kutamba, kuhita tambo.
Reisender, mtambo, mtafi.
reissen (intr.) kudwika; (trans.) kudwisha.
retten, kuvunila, kuhonya.
Rhinoceros, falu.
richten, kulonga masa, kulamula.
Richter, mlamuzi, mtawa, mbilu.
riechen, kuhefya; (intr.) kunuka.
Riegelbalken (an der Hausthür) muhindo (II.).
Riemen, lukoa (VI.).
Rind, ngombe (III.).
Rinde, kanda (IV.).
Ring, sovi, pete (IV.).
ringen (mit), kugwilana (na).
Rippe, lubazu, Pl. mbazu.
Rock, kumbwaya.
rösten, kuchoma.
roh (= ungar), -bishi.
Rost, kanga.
rosten. kwingila kanga.
rot sein, kulungulika.
Ruder, kafi (IV.).
rudern, kuvusha.
Rücken, mgongo (II.): auf dem Rücken liegend, mangaligali.

rücken, kushindika.
Rückgrat, pingili.
rückwärts, (na) nyuma.
rufen, kwitanga.
Rufer (bei Gericht), kilozilo.
ruhen, kuhumula, kugona.
Ruheplatz, ntulwe.
rund sein, kukunga.
runzeln (die Stirn), kukonyeza.
rupfen (ein Huhn), kupuchula; gerupft sein, kupuchuka.

Sachen, mambo, ntanu, via.
Sack, mfuko (II.), gunia.
säen, kuhanda.
Säugling, mkebe, mwana mkebe, kazana kakebe.
Saft, pome.
sagen, kugamba, kuti; zu jm. sagen, kugambila; er sagte (vor direkter Rede) angwe.
salben, kushishila.
Salz, munyu.
sammeln, kudodola; Brennholz s., kusasa nkuni.
Same, mbeyu.
Sand, shangalagala, mshangagala (?), mshanga (?).
Sansibar, Lunguza.
satt werden, kweguta, kukoleza.
Sattel, lukoa.
sauer werden, kunyegela.
saugen, kwonka.
Saum, lushumo, msolo.
Schädel, zutwi.
schälen, kungoa.
schämen sich, kuwa na (oder kubulwa ni) shoni.
Schaf (allgem. Bezeichnung), ngo-

to; (weibl.) samba, nine ja ngoto.
Schafbock, kosogolo; (wenn er Hörner bekommt) ndorome.
schaffen, kuumba.
Schale (Frucht-), kanda (IV.).
Scham, shoni.
Schamlosigkeit, ubagibagi.
Schar, bumba (IV.).
scharf sein, kukola.
Schatten, mpungo, kizuli.
schauen, kukaula.
Schaum, povu.
Scheide, luuo, Pl. nyuo.
scheinen, kulangazika.
Scheitel, lutoshi.
schelten jn., kukemela m., kulongela
Schenkel, nyonga, kigudi. [m.
Scherbe, kizokwa (V.).
scheren, kulegula.
Scherz, micha.
schicken, kutuma.
Schienbein, lugula.
schiessen, kutoa futi.
Schiesspulver, baluti.
Schiff, chombo (V.).
Schifferstauge, lupondo.
Schild, ngao.
Schildkröte, kuwi (IV.).
Schilf, gage.
schimpfen, kukanka, kutukana.
Schläfe, hemboni ya zisho.
schläfrig sein, kuwa na usisiza.
Schläfrigkeit, usisiza.
schlafen, kugona, kusisira.
Schlafplatz, ugono.
Schlafstätte (in der Hütte), sasai.
schlagen, kutoa; (mit den Flügeln) kupapatika.

Schlange, nyoka (III.); (grosse) zoka (IV.).
schlecht, -bada, -wiwi; (Adv.) vibada, viwiwi.
Schlechtigkeit, ubada, uwiwi.
Schleife, tasi (IV.).
schleifen, kunola.
schleppen, kuhuna.
schliessen (Thür), kushunga.
Schlinge, katasi (V.), tasi (IV.).
Schlucht, kungu (IV.).
schlüpfrig sein, kutelela.
Schlüsselbein, malinga ya sala, inagogweno ya kifua.
schmal, -shishili.
schmelzen, kuhamuka.
Schmerz, utungu, mavuni (IV. Pl.); Schmerz empfinden, kuschmerzen, kuluma. [umilwa.
Schmetterling, hoho.
Schmied, mshilagi.
Schmiede, shanilo.
schmieden, kushana.
schmücken, kuhamba.
Schmutz, tagata.
schmutzig sein, kukandana.
Schnabel, mlomo.
schnalzen, kutoa vilondo.
Schnecke, kozwe.
schneiden, kushenga.
Schneider, msumi.
Schneidezähne, meno ya shekela.
schnell (Adv.), nguzu, shunguza.
schnüren, kukaza.
Schnur, lugole.
schön, -taua.
Schönheit, utana.
schöpfen, Wasser, kuteka mazi; für jn. kutekela.

— 128 —

Schöpfer, kiumbe.
Schöpflöffel, tungo.
Schössling, shushi.
schreiben, kugonda.
schreien, kukema, kulila, kulongesha.
schröpfen, kushenga shale.
Schürze, kimori, tandala ya kukanta.
Schüssel, tangulu (IV.).
schütteln, kuvuvya, kushingiza; sich sch., kuvua.
Schuh, kilatu.
Schulter, ega (IV.).
schwach, -nyonge.
schwach sein, kulegela.
Schwägerin, mkaza mkulu, wau.
Schwager, mlamu.
Schwalben, vizele.
schwanger, kutenda nda.
Schwanz, mkila (II.).
schwarz, -shize.
Schwefel, kiberiti.
schweigen, kunyamala, kutongomara.
Schwein, nguluwe.
Schweiss, suguti.
schwellen, kuvutika.
schwer sein, kuzoma; es ist schwer, kuna ntogo.
Schwert, lupanga, shime.
Schwester, lumbu (ywa kindele); die ältere, wau; die jüngere, monetu.
Schwiegermutter, Schwiegersohn, Schwiegertochter, Schwiegervater, mkwe.
schwierig sein, kutoga; es ist —, kuna ntogo.

Schwierigkeit, ntogo.
schwimmen, kutoela.
Schwindel, kizungu.
schwindlig sein, kuwa na kizungu.
schwingen, kutambika.
schwitzen, kulavya suguti.
schwören, kukilisha.
sehen, kwolela, kwona; einander s., kwonana.
Sehne (d. Bogens), lugole; (im Körper) luge; (starke) zuge.
sehr, kabisa, muno.
Seil, luzigi.
sein, kuwa.
Seite, lwazu; (des Körpers) mbazu.
seufzen, kuhema, kuhesa.
See, ziwa ja mazi.
Seefisch, samaki (arab.).
Segen (d. h. Fülle) mboto.
segnen jn., kungaza m. mesho.
Segel, zinge.
selbst, mwenye.
senden, kutuma.
sicherlich! kumbe! kweli!
sichtbar werden, kwoneka (na).
sieben, kushunga.
Signalhorn (f. d. jungen Burschen), javata.
Silber, feza (arab.).
singen, kukema wila, kwimba.
Sitte, tulo.
sitzen, kwekala.
Sklave, mshumba, ntungwa, mpuna (?).
Skorpion, kisusa (V.).
so. ivyoho, ivyo, iviho, ivi, vivyo, ndivyo.
soeben, ivilushe.
sogleich, vyalushe, minga iyo.

Sohn, mwana ywa kigoshi.
Soldat, shirikali, Pl. washirikali; mkondo, Pl. wankondo.
Sonne, zua (IV.).
später, nyumai.
Spass, micha.
Speer (mit kurzer Klinge), fumu (IV.); (mit langer, breiter Klinge) guha (IV.).
Speerklinge, pembo.
Speerschaft, luti.
Speichel, mate.
speien, kutahika.
Speise, nkande.
Spiegel, kilolo.
Spiel, mshezigo.
spielen, kusheziga.
Spinne, zuli, bulibuli.
spinnen, kuluka luzi.
Spitze, höchste, ulanga.
Spitzmaus, shemzuli.
Sprache, kilongere, mbuli.
sprechen, kulonga; miteinander spr., kulongana.
Spreu, makafi.
springen, kulumbila, kukima.
Spross, shushi.
sprossen, kushuka.
Spur, lwayo; die Spur verfolgen, kudosa.
Stacheln (d. Stachelschweins), ma-Stachelschwein, nungwi. | yoya.
Stadtthor, nkili (?).
Stärke, nguvu.
Stamm, lugula.
stampfen, kukima shindo.
stark sein, kuwa na nguvu.
Staub, vumbi (IV.), luvumbi.
stechen, kutunga, kubogosha.

stehlen, kubawa.
steigen, kukwela.
Stein, iwe, Pl. mawe; (zum Tragen des Kochtopfs) figa (IV.).
Steinchen, kaiwe (V.).
Stelle (Ort), hantu, kuntu.
stellen, kwika, kwikiza.
sterben, kufa; mir ist ein Sohn gestorben, nizafilwa ni mwana.
Stern, ntondwe (III.).
Stier, kambaku.
Stimme, gonda, kanwa.
stinken, kununka, kunusa luvundo.
Stirn, cheni, Pl. vyeni.
Stock, ngoda (III.), sibo; (der Frauen) kome; (zum Feuerdrillen), lunindi.
stolpern, kukikoma.
Stolz, mahiku (IV. Pl.), kumbizi, ubishi.
stolz, -bishi; stolz sein, kuwa na mahiku.
stossen, kudunda, kukwila.
strafen, kulaha, kukantula.
Strand, pwai, hwai.
Strauch, kaziti.
straucheln, kukikoma, kukukutika.
Strauss (Vogel), mbuguni.
Straussenfeder, bwaza (IV.).
strecken, kugolosha.
Streichinstrument, pango.
Streit, kumbizi.
streiten (miteinander), kugombana, kuumana.
Strick, lusazi, lugole.
Stück, tili (IV.), kihindi (V.).
Stuhl, kiti (V.).
stumm, er ist stumm, kadaha longa.

stumpf werden, kushuha.
suchen, kulonda; (für jn.) kulondela, kwonela; eifrig suchen, kulondalonda.
Sünde, mabada, kiwiwi.
süss sein, kutama.
Sumpf, kidalu.
Syrup, uki wa migua.
Tabak, gana.
Täufer, mbatizaji.
täuschen, kuufya, Pass. kuufigwa.
Tag, mushi; guten Tag, mosuenye.
Tal, kolongo.
Tamarinde, mkwazu (II.).
Tanga, Kilongwe.
Tante (ältere Vatersschwester) mlala mkulu; (jüngere Vatersschwester) mlala mdodo.
Tanz, wila (?).
tanzen, kuvina wila (im Reigen).
kusangauya (solo), kufefela (mit Bewegung des Hinterteils); kushezign.
Tasse, kikombe (V.).
tasten, kuhahasa.
Tau, luzigi, Pl. zigi.
taub, kisimatwi; er ist taub, kadaha kwiva.
Taube, sua, kisua manga.
tauschen, kugusanya, kusakanya.
Tausendfuss, fwaka, nyongolo.
Teich, diwa (IV.).
Teil, fungu (IV.), lwazu.
teilen, kupanga.
Teller, tangulu (IV.).
Termite, mushwa.
teuer sein, kutoga (?).
That, kilozo.

Thau, munyozu (II.).
Thon, ulongo.
Thräne, shozi (IV.).
Thür, luvi, Pl. nyuvi.
thun, kugoshola, kutenda.
tief werden, kuzenga, kuleha
Tier, nyama (III.); grosses Tier, zama (IV.).
Tigerkatze, suzi.
Tochter, mwana muvyele, mwana ywa kivyele, mwana m(un)dele, mwana ywa kindele.
Tod, kifa, ufu.
tönen, kukema.
töten, kukoma.
Tollheit, kilalu.
Topf, nyungu (III.).
träge, -vizu; träge sein kuwa -vizu, kuwa na uvizu.
Träger, mtafi.
Trägheit, uvizu.
Tränke, lubala.
träumen, kutoigwa ni sozi, kuloshigwa, kulota sozi.
tragen, kwinula, kwigala; auf dem Rücken tr., kweleka.
Trauer, ukiwa.
trauern, kwihilwa, kwekala tanga.
Traum, sozi.
treffen (mit dem Pfeil) kulasha; (= begegnen) kwonana.
treiben, kwingatu; (Vieh) kushaka; treiben lassen (Vieh) kushakisha.
trennen, kupanga (von = na).
Treppe, madandi (IV. Plur.).
treten, kujata, kushunta.
trinken, kunywa; trinken aus, kunywela nu; trinken lassen, kunwesha.

Trinkhorn, tumbi.
trocken, -kazu; trocken werden, kukam(u)ka.
trocknen, kukamsha.
tröpfeln, kudoda.
Trommel, ngoma.
Tropfen, dote (IV.).
trübe werden (Augen), kuvonyongela.
trunken werden, kukolwa.
Trunkenbold, mkozi (I.).
tünchen, kukanda.
Turban, bundu (IV.).
Turm, mnara (II.).

über, ulanga ya.
überall, hantu hoshe.
übereinkommen, kwivana.
Übergangsstelle, chiomboko (V.).
übergeben, kulavya.
überlegen, kutongeleza.
übermorgen, kishindo.
überrascht werden, kutishigwa.
überschreiten, kwomboka.
übertreffen, kuzinka.
überwinden, kuvota.
überzeugen (jn.), kuuzisha.
übrig bleiben, kushigala.
umarmen, kwambata.
umdrehen (sich) kuhituka: (trans.) umkehren, kuuya. [kuhitula.
umziehen (= Wohnung wechseln), kushama.
umgeben, kudenganila.
umhergehen, kwangadika.
umherspritzen (Wasser), kumyaga mazi.
umringen, kudenganila.
und, na; und auch, hata.

unfruchtbares Land, jangwa, luungar, -bishi. [wangwa.
Ungehorsam, ushulo.
Unkraut, fovo (VI. Plur.).
unmöglich sein, jm., kulema m.
Unordnung, uhuza: in — bringen, kutanya.
unordentlich sein, kuwa na uhuza.
unreif, -bishi, maishi.
unten, ishi; hier unten, kunushi.
unter, ishi ya.
untergehen (Sonne) kwingila, kushwa.
Unterlippe, mlomo wa ishi.
Unterschenkel, chafu.
untersinken, kwilinya mwe mazi.
Unterste, das, hashi.
unwissend, -babashi.
Unzucht treiben, kubana, kubanabana, kubananga.
Urlaub, luhusa.
Ursprung, chando (V.).

Vater (mein, unser) tate; (dein, euer) isho; (sein, ihr) ishe.
verabschieden, sich von einander, kulagana.
verachten, kubela, kubeza.
verbergen, kufisha; verbergen lassen, kufishiza.
verbieten, kulemela.
verbinden, kubofya (?).
verboten; etwas, dessen Genuss einem verboten ist, mwiko.
verbrennen, kuhya.
verbreiten, kugisa.
verderben (tr.), kubana; (intr.), kubanika, kubanikilwa, kutulika.

vereinigen, kuvanganya.
verfaulen, kuvunda.
verfehlen, kukosa.
verfolgen, kwingata; (eine Spur) kudosa.
verführen, kuufiza.
vergeben, jm. etw., kulekela m. k.
vergeblich (Adv.), bule.
vergehen, kwaga; (Zeit) kuzinka.
vergessen, kujala.
vergleichen, kufanyanya.
verheiraten, jn. (v. den Eltern), kutegulisha m.; sich v. (vom Mann) kutegula mke; (von der Frau) kutegulwa; (von einem Paar) kutegulana.
verkaufen, kutaga; (jm. etw.) kutagiza m. k.
verkündigen, kubilikila.
verlassen, kwasha, kuleka; einander v., kulekana.
verlaufen, sich (Überschwemmung) kuhya.
verletzen, (Speer) -kushoma; (Pfeil) kulasha; (Schwert) kushenga.
verlieren, kwaza; verloren gehen, kwaga.
vermehren, kugenyezeza.
Vermittler, mwivanishi.
Vermögen, ntanu.
vermuten, kuteganya.
verraten, kuhetela leba.
versammeln, kukintanisha, kuunganyanya; sich vers. kukintana, kuunganana.
verscheuchen (Vögel), kulinda.
verschliessen, kuzugala.
verschlingen, verschlucken, kumeza.

versöhnen, kuhembeleza, kuhongeza, kwivanisha.
verspotten, kusheka m.
Verstand, minyanyi, lutwi.
verstecken, kufisha, kufikila.
verstehen, kumanya, kudahisha.
verstopfen, kushita; verstopft sein, kushituka.
verstummen, kuhombwela.
versuchen, kugeza.
verteilen, kugisa.
vertilgen, kuusha.
vertreiben, kwingata.
Vertreter des zumbe, akida.
Verwandter, ndugu, Pl. wandugu.
verweigern, kunyima; jm. etw. kunyimila m. k.
verwüsten, kuchakula, kubana; verwüstet sein, kuchakuka.
verwunden, (mit d. Schwert) kushenga, (Pfeil) kulasha, (Speer) kushoma.
verzeihen, kulekela.
Vieh, ngombe.
Viehtränke, lubala.
viele, -ngi.
vielleicht, hangi.
Vogel, ndege (III.), dege (IV.).
Volk, mbali (III.).
Volksfest, mviga.
voll sein, kumema.
vollenden, kubontola.
Vollmond, mwezi ukikula, mwezi wagotola ngombe.
Vollständigkeit, ugima.
vor, mazu ya, mambele na.
vorangehen (jm.), kulongola m.
vorausschicken (jn.) kutuma m. alongole.

vorbeigehen, kuzinka, kwomboka.
Vorfahr, mkale (I.).
vorgestern, zuzi.
vorn, longozi, mazui.
Vorraum der Hütte, kifigwe.

wach sein, kuwa mesho.
Wachs, nta.
wachsen, kukula.
Wade, shafu (IV.).
Wächterhütte (im Felde), kumbi.
wühlen, kushagula.
Wäldchen, kazitu.
Waffen, muta.
Wagen, gari (IV.).
wahr, -a kweli; nicht wahr, hambuze?, eéheni?
Wahrheit, kweli, ndidi.
Wald, mzitu.
Wand, lukundo.
Wanderameise, silafu.
Wange, kavu, funda (IV.).
wann, ini?
Wanze, pahazi, kunguni.
Waren, via.
warm werden, kuhisha; warmes Wasser, mazi yehisha.
warten, kugoja, kwafiza.
warum? nini? ni mbwai? kwai? was? mbwai? -i?
waschen, kuhaka; (Kleider) kushunta.
Wasser, mazi, vizi.
Wasserplatz, tekeloi.
weben, kushuma shuke.
Weg, sila; seines Weges gehen, kuhita zakwe.
wegen, kwa.
weggehen, kuhita, kuuka.
weglaufen, kunyilika, kunyatila.
wegtreiben, kugulusha.
wegwerfen, kwasha.
Weib, muvyele.
weiblich, -vyele, -ndele, -a kindele, -a kike.
weich sein, kudugulika, kulegela.
weiden (Vieh), kulisha.
weigern (sich), kulemela.
Weihrauch, ubani.
weil, hambu.
Wein, mvinyo.
weinen, kulila; sehr w., kulilisha.
weise, -taizi.
Weisheitszahn, fumu.
weiss werden, kungala; weiss machen, kungaza.
weit, -zangalamu.
welcher? -hi?
Welle, wimbi (IV.).
wenden (tr.), kuhitula; (sich) kuhituka.
wenn, ati, -ki-.
wer? ndai?
werben (für jn.), kulombela (m.).
werden, kugaluka, kuhituka.
werfen, kwasha, kubomela.
Wesir, mluku.
Wespe, ovu.
West, kweingila zua.
wetzen, kunola.
Wetzstein, kinolo.
wie (fragend), zeze? -ze? vivihi? (relativ) sa; wie viele? -ngahi?
widerspenstig sein, kuwa na ushulo.
wieder, vingi, kaili naho, kangi, vituhu.
wild, -kali, -a mzitui.

Wildnis, nyika.
Wildpret, maunde.
Wildschwein, gwasi.
Wind, mpeho.
windstill, es ist heute —, lelo kakuna mpeho.
Winkel, muhindolo.
winken, kuhaza, kukonyeza.
Wirt, mwenyezi.
wissen, kutaida; wissen lassen, kutailisha.
wo? (fragend), kuhi? hahi? muhi? (relativ) -ko, -ho, -mo.
woher? nahi? -hi?
wohin? na kuhi? -hi?
wohnen, kwekala; wohnen lassen, kwekaza.
Wohnung, nyumba, kaya; W. wechseln, kushama.
Wolke, zunde (IV.), luwingu.
wollen, kukunda.
Wort, mbuli (III.).
wünschen, kukunda, kuunga.
Wüste, nyika, luwangwa.
Wunde, kilonda (V.).
wundern (sich), kumaka, kushentuka.
Wurm, zongolo (IV.), kizongolo.
Wurzel, zindo (IV.).
Wurzelknolle, kolo (IV.), kilungu (V.).

zäh sein, kutoga.
zähmen, kushuga.
zählen, kutala, kuwaza, kulanga.
Zäpfchen, kitoaluzi (?).
zahm, er ist —, azashugwa.
Zahn, zino, Pl. meno.
Zauber(ei), ushawi, uganga; (für ein Dorf) fingo; (für eine Schambe) kago; (für ein Lager) kirumbi.
Zauberer, mshai.
zaubern, kulagula.
Zaun, lwigo.
Zebra, punda.
Zehe, chala cha mguu.
zeigen, kwonyesha.
Zeit, minga (II. Pl.); vor langer Zeit, aho kale.
Zelt, hema (IV.).
zerbrechen, (trans.) kutatula, kubonda; (intr.) kutatuka, kubondeka.
zermalmen, kwitula.
zerreissen (intr.), kudwika, kutatuka; (trans.) kudwisha, kutatula.
zerstören, s. verwüsten.
zerstreuen, kwasakanya, kumyaga.
Zeug, nguo, shuke; grobes, guni.
Ziege, mbuzi (III.); weibl. Z., mbalika, fyele ya mbuzi. ntogota, nine ja mbuzi; kastrierte Z., tule ya mbuzi; wilde Z., tohe.
Ziegenbock, fulata.
Ziegel, tofali (IV.).
ziehen, kuhuna, kunyuta, kuzuta.
Zimmer, nyumba.
Zimmermann, mshongozi.
zittern, kudidima.
zögern, kukawa.
zornig werden, kubulwa ni maya, kugua maya, kukwelwa ni maya, kushimbuka; auf jn. kushimbukila m.
zubereiten, kuliganyiza.
Zuckerrohr, mgua (II.).

zürnen, s. zornig werden.
zufrieden sein, kweguta.
zugeben, kuvoteka.
Zukost, mboga (II.), boga (IV.).
Zunge, lulimi, Pl. ndimi; (eines Tieres), lulaka.
zurückbleiben, kushigala.
zurückbringen, kuuza.
zurückhalten, kukindila.
zurückkehren, kuuya, kugotoka.
zurücklassen, kwasha; jm. etw., kwashiza m. k.
zusammen, hangwe.
Zweig, tambi (IV.).
Zwerg, kajihi (V.).
Zwilling, mwana ywa mpasha.
Zwirn, luzi.
zwischen, gatigati ya.